神と出会う
いかにして
クリシュナムルティ

J・クリシュナムルティ……著
中川正生……訳

めるくまーる

クリシュナムルティ

いかにして神と出会うか

J・クリシュナムルティ　著
中川　正生　訳

Publications may be obtained by writing to the
Krishnamurti Foundation Trust Ltd.,
Brockwood Park, Bramdean, Hampshire SO24 0LQ, England.
E-mail: info@brockwood.org.uk Website:www.kfoundation.org
or to the Krishnamurti Foundation of America,
P.O.Box 1560,Ojai,CA93024, United States
Website:www.jkrishnamurti.org

Japanese translation published by arrangement
with Krishnamurti Foundation Trust Ltd.
Through The English Agency (Japan) Ltd.

しかし、聖なるものは存在する。それは思考が生み出すものでもなければ、思考によって蘇生された感覚でもない。思考がそれを認識することはできず、またそれを利用することもできない。思考がそれをまとめあげることは不可能である。にもかかわらず、聖なるものは存在する。しかし、いかなるシンボルも言葉も届かない。それを伝えることはできない。それは事実である。

『クリシュナムルティのノートブック』一九六一年六月二八日より

いかにして神と出会うか／目次

序言

ジドゥ・クリシュナムルティは、一八九五年インドに生まれ、十三歳のとき、神智学協会という宗教教団に見出された。教団は、彼こそ教団がその出現を宣言していた救世主、つまり世界教師となるべき器であると見たのである。ところがほどなくクリシュナムルティは、力強く、妥協のない、名状し難いほどの宗教指導者となり、彼の語ることや書くものは、既存の特定の宗教ばかりか、東西はもとより世界のいかなる教えとも結びつかないようなものであった。救世主的なイメージを強く拒否し、一九二九年、クリシュナムルティは、彼を取り巻いて作られていた「星の教団」という裕福な宗教教団を劇的な形で解散させた。そして、真理というものは、いかなる組織だった宗教、哲学や教団も近づくことのできない、いわば道のない領域とも言えるようなものであると宣言した。

それ以降クリシュナムルティは、追随者たちが押しつけようとした指導者、導師という地位を固辞し、世界の至るところで大聴衆を魅了しつづけたにもかかわらず、権威を求めようとも、弟子をもとうともせず、つねに一個人として人々に語りかけた。その教えの中心にあるのは、社会の根本的な変革は個人の意識の転換によってのみ可能だという認識である。おのれを知ること、また宗教や国家という条件は人々を限定し分断するものだ、とわかることが肝要だと絶えず力説している。また、無私であるということが何よりも優先して必要であるとつねに指摘した。それは、「脳内の広い空間には想像できないほどのエネルギーが存在する」からであると言う。このことはクリシュナムルティ自身の創造力の源であったように見え、またあのように多種多様な人々に衝撃を与えたわけを説明する鍵でもある。

一九八六年、九〇歳でこの世を去るまで、クリシュナムルティは世界中に語りかけつづけた。彼の講演や対話、日記や手紙などは六〇冊あまりの本に収められている。本書はその厖大な教えの中からテーマ別に編集されたシリーズの一冊である。各冊は現代人の生き方に特に関わっており、差し迫った問題に焦点を当てている。

ボンベイにて　一九六〇年一月六日

精神とは、われわれがすでに知っているもののことである。そして、既知なるものとは、われわれが経験したもののことである。その既知というものさしを使って、われわれは未知のものを知ろうとしている。しかし、既知すなわち精神には、未知のものを知ることは明らかに不可能である。既知は、すでに経験されたり、教えられたり、収集されたりしたものしか知ることができない。そこで、はたしてわれわれの精神は、自分が未知のものを知ることはできないのだという真実を理解することができるだろうか?

たしかに、もしわたしの精神が、未知のものを知ることはできないのだという事実をきわめてはっきりと認識したならば、そこには絶対的な静寂が生まれるだろう。反対に、もしわたしが既知の能力をもって、未知のものを捉えることができると感じたならば、とても騒ぎ立てるに違いない。たとえば、話したり拒絶したり、あれこれと選んでみたりして、未知への道を見出そうと試すことだろう。しかし、もしわたしの精神が、自分は未知のものを知ることは絶対に不可能であるという事実を悟ったならば、あるいはまた、精神は未知のものへ向かってただの一歩を踏み出すことさえ不可能なのだという事実を理解したならば、そのとき何が起こるだろうか。そのとき、精神は完全に静かになる。それは絶望ではなく、もはや何ものをも探し求めないことである。

知的探究という行動は、知っているものから知っているものに対してのみ可能である。そして精神にできることは、この探究行動によってわれわれはけっして未知のものを知ることはできない、という事実に気づくことだけである。既知の側でのいかなる行動も、依然として既知の領域の中にとどまっている。この事実だけをわれわれは認識すべきであり、それだけが、精神が悟らなければならないことである。それがわかれば、いかなる刺激も、いかなる目的もなくなり、われわれの精神は静かになる。

ところであなたは、愛は静かなものであるということに気づかないだろうか？　他者の手を握っているとき、子供の顔をいとおしく見入っているとき、夕暮れの美しさに見とれているとき、そんなときすべてが沈黙し静かである。愛には過去も未来もない、それは異常なまでに静かである。完全な空《くう》であるこの静寂が乱れたならば、そこに創造はない。あなたは自分の能力を非常にうまく生かして何かをなすかもしれないが、しかし、創造性のないところには、破壊と腐敗があり、精神は衰退するだけである。

精神が空で静かなとき、完全な無の状態にあるとき、空白ではなく、実在の対極でもなく、すべての思考が消滅したまったく普通とは異なる状態にあるとき、そのようなときにのみ、名状し難いもの、すなわち未知のものが姿を現わすことができる。

ペンシルバニア州エディントンにて　一九三六年六月一二日

機械論的な見方では、人生は次のように考えられている。人間は環境とそれに対するさまざまな反応の産物にすぎず、感覚でものを捉えることができるだけであるから、この環境と反応は、個人がその枠組みの中でのみ活動を許されるような、合理的なシステムによって制御されるべきである、と。この機械論的な人生観の真の意味を考えてみて欲しい。そこには、至上の存在、超越的実在、永続するもの、などは何ひとつ考えられていない。この人生観は、死後のいかなる生命の存続も認めていない。人生とは消滅へと続く束の間の時間にすぎない。人間は環境への反応の結果にすぎず、おのれの利己的な安全を追求するために、搾取、残虐性、戦争などのシステムの構築を手助けしている。したがって、環境を変え、制御することで、人間の活動を型にはめ、導かなければならないことになる。

一方、人間はもともと神性を具えており、その運命はある至高の知性によって制御され導かれている、という見方がある。そこでは、人々は神、安心立命、自由、幸福、およびすべての個人的な葛藤が消滅した状態を求めつづけているのだ、と言われる。彼らは人間の運命を導く至高の実在を信じているのだが、それは信仰というものに基づいている。この超越的存在、あるいは至高の知性が世界を創造したのであり、「わたし」、自我、そして個人は、それ自身永遠不滅であると言われる。

人々は人生を機械論的に捉えるときもあれば、悲しいときや困っているときには、導きと救済を求めて至高の存在に頼り、信仰に立ち戻ることもある。人々はこの正反対のものの間を揺れ動いている。そして、反対物についての幻想の正体を見きわめることによってのみ、その限界と束縛から自由になれるのである。この幻想から自分は自由である、と想像することがあるかもしれないが、しかし人は、これらの限界を作りあげている過程、その限界を消滅させる過程をしっかりと把握しないかぎり、本質的に自由にはなれない。

この始まりのない無知の連鎖が永遠に続くかぎり、人が真実、すなわち真に存在しているものを理解することは不可能である。みずからの意志による渇望が原因となって生じたこの無知の連鎖が消滅した暁に、初めて真実在、真理、至福と呼ぶことのできるものが立ち現われる。

ヨーロッパでの講演から、ロンドンにて　一九六七年九月三〇日

もし、人生にいくらかでも意味があるとすれば、それを発見しようと試してみることにも何ほどかの価値があるだろう。それは、われわれがいま送っている人生においてのことではない。というのは、現代のわれわれの人生にはほとんど意味がないからだ。われわれは人生に知的な意味を与える。つまり、論理的な、知的な、神学的な、あるいはそういう言葉を使うとすれば神秘的な意味を人生に与え、何か深い意味を見出そうと努力する。かつてある作家が試みたように、この望みのない絶望的な人生のただ中において、生命力に満ちた深い知的なものをでっちあげようとする。

もし情緒的でなく、あるいは頭で考えたものでもなく、現実に事実として、われわれ自身がこの人生の中に本当に神聖なものを発見できるならば、その努力は十分に行なうだけの価値があるように思われる。その際、人生に聖なる意味を与えるのは、われわれ自身の創作によるのではなく、事実として人生にそのようなものがなければならない。

戦争による破壊や憎しみを抱きながら、仕事、競争、絶望、孤独などに塗りつぶされたわれ

われの現実の人生について、歴史的にまた実際に観察すれば、この人生には全体としてきわめてわずかな意味しかないことがわかる。われわれはこの世に七〇年間ほどとどまるわけだが、その間四〜五〇年を会社において、退屈で孤独で決まりきった、ほとんど意味を見出せないような仕事をして過ごす。このような事実に気づいたために、東洋でも西洋でも、われわれはひとつの象徴、観念、神といったものに意味と有難味を与えた。しかし、この神は本来のものではなく、明らかに人間が創作したものである。

東洋では、生命はひとつであるから殺してはならない、神は万人の内に存在しているのだから人を破壊してはならない、と言う。しかし次の瞬間には、実際の行動や言葉やあるいは仕事として、互いに破壊し合っている。したがって、生命はひとつである、人生は聖なるものである、という思想はほとんど意味をなさない。

同じく西洋でも、残忍で攻撃的で無慈悲な競争に日夜明け暮れる生活の実状を知り尽くしているので、人々はある象徴に意味をもたせる。そのような象徴にすべての宗教は土台を置いており、また、この象徴は特別に神聖であると考えられている。すなわち、特異な経験をもつ神学者、司祭、聖者たちが、この人生に意味を与え、われわれはほとんど意味のない絶望的で孤独な、何の変化もない日常生活の中で、それにしがみつくのである。

もし、われわれが何世紀もかけて作り上げ、聖なる感覚を与えてきたこのような象徴、観念、信仰、といったものを全部捨てることができるならば、こういった的外れの発明品すべてから実際に逃れられるならば、そのときこそわれわれは、真実で本当に神々しく聖なるものが、存在するか否かを問うことができる。これこそが、この混迷、絶望、罪悪、死のただ中にあって、人々が求めつづけてきたものだからである。人々は絶えず、はかなさや時の流れを超越しているに違いないと思われるいろいろなものを探し求めてきた。

ここで、この問題について検討し、そのようなものがはたして存在するのかどうか、われわれがそれを見つけ出せるのかどうか、試してみたい。しかし、それはあなた方が欲しがっているようなものでも、神でも、観念でも、象徴でもない。われわれは、本当にすべてを投げ捨てて、真実を発見できるだろうか？

言葉は単なるコミュニケーションの手段にすぎず、実在のものではない。言葉すなわちシンボルは、現実に存在するものではない。ところがひとたび言葉に捕らえられると、それから逃れることが非常に難しくなる。シンボルすなわち言葉、つまり観念は、実際にわれわれの認識を妨げている。

われわれは言葉を使わざるを得ないが、言葉は事実ではない。そこで、もしわれわれが意識を働かせて、言葉は事実ではないということに気づくことができれば、この問題をより深く考えることができるだろう。言い換えれば、人は孤独と絶望の中で、人間の手で作ったり頭で考え出したひとつの観念ないし像に対して、聖性を付与してきた。この像は、キリスト教徒、ヒンドゥー教徒、仏教徒などにとってとりわけ貴重なものとなり、信者たちは、その像に聖なる感覚をもたせたのである。

はたしてわれわれは、こういった聖なるシンボルを、言葉や理論のうえではなく現実にされいさっぱりと捨て去り、聖像を敬うといった行為が何の役にも立たないことを心の底から納得することができるだろうか。それができたとしたら、そのとき初めて、問いを発することができる。しかしながら、その問いに答える人はどこにもいない。なぜなら、われわれ自身に投げかけるいかなる根本的な問いについても、われわれ自身以外の誰も答えることができないからである。われわれにできることは、そのような問いをじっくり発酵させ、煮詰め、その問いみずからに答えさせるようにすることである。

しかし、そのような問いを正しく理解するだけの能力はもっていなければならない。すなわち、われわれが知ろうとしてきたことは、言葉すなわちシンボルを超えたところに実在し、真実かつそれ自身完全に神聖なものが、存在するのかどうかということである。

カナダ、シアトルにて　一九五〇年七月一六日

質問者――今日、世界には神についてさまざまな考え方があるが、あなた自身の神についての考えを聞かせて欲しい。

クリシュナムルティ

まずはじめに、考え、概念という言葉で何を意味するのかを明らかにしなければならない。思考過程とはどういう意味だろうか？　たとえば、神、というようにある概念を組み立てる場合、そこでのわれわれの信条や概念は、われわれが条件づけを行なった結果作られたものに他ならない。そうではないだろうか？

もしわれわれが神の存在を信じるならば、その信仰は確実にわれわれのおかれた環境の結果である。子供の頃から神を否定するように訓練された人々もいれば、反対にわれわれのほとんどがそうであるように、神を信じるように教育を受けている人々もいる。このようにわれわれは各自の受けた教育や育った背景に従い、また好き嫌い、希望、恐怖といった個人的傾向に従って、神についての考えを作り上げる。そのため、われわれの思考過程をはっきりと理解しな

いかぎり、神についての単なる想念はまったく価値がない。そうではないだろうか？

なぜなら、われわれの思考は、好きなものを何でも投影することができるからである。思考は神を創造することも、否定することもできる。人は誰もが、自分の傾向、快楽や苦痛次第で、神を発明することも破壊することもできる。したがって、思考が活動し、組み立てたり発明したりしているうちは、時間を超えたものが発見されることはけっしてあり得ない。神あるいは真実在は、考えることをやめたときに初めて見出される。

「神についてどう考えるか？」と尋ねる場合、あなたはすでに自分の考えを作り上げているのではないだろうか。思考というものは神を創造できるし、思考が創造したものを経験することもできる。しかし、それはけっして真実の経験ではない。思考が経験するものは、思考自体の投影にすぎず、したがって真実の存在ではない。しかし、もしわれわれがこのことの真相を理解することができるならば、そのときはたぶん、単なる思考の投影よりもはるかに偉大なものを経験することになろう。

現代においては、外の世界にきわめて大きな不安があるために、内的な安心立命に対する渇望が明らかに存在している。つまり、われわれは外部に安全を見出せないので、観念や思想の中に安心を求め、神と呼ぶものを創造し、その概念がわれわれの安心となるのである。だが、安心を求める人は絶対に真実在、本当のものを見つけることはできない。時間を超越したものを理解するためには、頭でいろいろと考えることをやめなければならない。

思考は、言葉、シンボル、イメージなどが存在しなければ成り立たない。心が何もせずに静かなとき、その創作から自由になったときにのみ、真実なものを発見できる可能性がある。したがって、単に神がいるかいないかなどと問うことは、この問題に関して幼稚な対応ではなかろうか。神に関してさまざまな見解をこねまわすことは、じつに子供じみている。

時間を超えたものを経験し実感するためには、時間の過程ということをはっきりとわからなければならない。精神は時間の結果生まれたものであり、それは昨日の記憶を基礎にしている。はたしてわれわれは、時間の過程である昨日というものの集積から自由になれるだろうか？　たしかにこれは、きわめて深刻な問題である。それは信じる信じないという問題ではない。信じる信じないという行為は、ともに無知なる過程であり、しかし過去から未来へ絶えることなく連綿と続く人間の想念の本質について理解したならば、われわれは自由になれるし、それによってのみ真実を発見できる。

しかし、信じることは大変便利であり、安心感と仲間への帰属意識を与えてくれるので、われわれのほとんどは信じようとする。あなた方とわたしを隔てるのは、まさにこの信念である。あなた方は一方を信じ、わたしはそれとは別のものを信じる。この信じることが障壁となって働き、われわれを分けるのである。

そこで、重要なことは、信仰あるいは不信仰を奨励することではなく、精神の過程を理解することである。時間を創造しているのは精神であり、思考である。思考は時間である。思考が生み出すものは何であれ、時間の中に存在しなければならない。したがって、思考はそれ自身を超え出ることはできない。時間を超えたものを発見するには、思考を停止しなければならない。そして、それが最も困難なことである。というのは、修行、自己制御、禁欲などによっては、思考の停止は不可能だからである。

われわれが思考の発生するすべての過程を理解したときに、初めて思考は停止する。そして、思考を理解するためには、自己認識がなければならない。思考は自己である。思考とは、「わたし」と言われるものと同一なものを指す言葉である。そして、自己が高低のどのようなレベルにあろうとも、それは依然として思考の領域の中に存在する。

時間を超越した神を見出すためには、思考過程、すなわちわれわれ自身の推移を理解しなければならない。ところが、自己というものはきわめて複雑である。それは、単一のレベルのものというわけではなく、おのおのが互いに矛盾する多くの思考、多くの要素から成り立っている。そのすべての要素について、不断の自覚が不可欠であり、またそこには、選択や非難や比較があってはならない。すなわち、曲解や解釈なしに物事をあるがままに認識する能力が必要である。にもかかわらず、目にしたものを判断したり解釈したりする際に、われわれはみずからのもっている背景に従ってそれをねじ曲げる。真実在あるいは神を見出すためには、いわゆる信仰があってはならない。なぜなら、信仰に基づいて物事を受容あるいは拒否することは、神の発見の障碍となるからである。

われわれはみな、外的にも内的にも安心であることを求める。しかし、安心立命の追求は幻想であるということを理解しなければならない。神の発見という難題を解決できるのは、いかなる信仰からも完全に自由で、安定していない精神のみである。それは、森林や修道院への隠遁、あるいは特殊な信仰に引きこもることではない。むしろ、そのような孤立の中には何ものも存在し得ない。

生きるとは、他者と関係を結ぶことである。われわれが自分自身のあるがままの姿を自然に発見できるのは、他者との関係のただ中においてである。現実のわれわれを根本的に変容させるのは、いかなる意味での非難も正当化も行なわず、われわれのあるがままの姿を発見することであり、それが智慧の始まりである。

ヨーロッパでの講演から、パリにて　一九六七年四月三〇日

宗教的精神と、宗教を信じる精神とは、まったく別のものである。宗教的精神は、その社会の文化から心理的に自由である。すなわち、いかなる形の信仰からも、また経験や自己表現への欲求からも自由である。人間は長い歳月をかけて、信仰することによって神と呼ばれる観念を創造してきた。人間にとって、神と名づけられる観念を信仰することは必要である。なぜなら、光明、美しさ、喜びがときおりきらめくことはあっても、人生は悲しく、絶えざる戦い、矛盾、惨めさに満ちたものだからである。

こうして、人生にはほとんど意味がないために、ひとつの考え、信条、観念を信じることが必要となった。会社勤務、家族、セックス、孤独、さまざまな負担、自己表現のための格闘といった毎日の決まりきったこと、この全部がほとんど無意味であり、しかも、そのすべての終点にはつねに死が待ち構えている。このような状況で、人間は逃れようのない必要から、何かを信じざるを得ないのである。

神、救世主、主についての考え方は、気候風土や、こういった観念や信条の考案者の知的能

力に従って、それぞれの姿かたちで表わされる。そして、人間はけっして乱されることのない喜び、真実、真実在の境地へ到達しようと絶えず努力してきた。人間はその境地に目標をおき、それに向かって活動してきた。こういった観念や概念を作った人々は、その究極の真実在へ達するために人々がたどるべきシステム、あるいは道程を用意した。人間は、修行、自己制御、自己否定、禁欲、耐乏などにより、自己の精神を痛めつけて真実在へ至る道を見出そうとしている。

アジアにおいては、当人の気質や環境に従って、真実在へ至るさまざまな道が用意されていると言われており、その道は人間や思想によっては、推し測ることのできない真実在へと続いている。一方西洋では、たった一人の救世主だけが存在し、彼を通してのみ人々は究極のものを発見することになっている。東西のすべてのシステムにおいて、ある一定の形式に従うために、精神の絶えざる制御と鍛錬が求められている。その形式とは、聖職者、聖典、および本質的には暴力からなる不適切な方法が作り上げたものである。その暴力というのは、単に肉体的欲望の否定にとどまらず、あらゆる形の欲望や美しさの否定、さらには一定の形式への制御と順応でもある。

東洋であれ西洋であれ、宗教には奇跡というものがあるが、奇跡を起こすことはきわめて簡単である。奇跡を行なった人は聖者として聖別される。聖者たちは、それまで彼らが完璧に従ってきた日常生活のしきたりを破ってしまう。聖者たちは謙虚さというものを微塵も持ち合わせていない。というのは、謙虚さは外見で示すことはできないものだからである。腰布や粗末な着衣などは、謙虚さを示すものとされるが絶対にそうではない。どんな美徳も同じだが、謙虚さというものも瞬間から瞬間に消えゆくものであり、意図することも確立することもできず、また、従うべき形式として示すことも不可能である。

しかしながら、人々はいつの時代にもこのようなことを実行してきた。つまり、真実在と呼ぶことのできるものを体験した最初の人が、あるシステム、方法、筋道を示し、そして世界の残りの人々がそれに従ったのである。やがてその弟子たちが、巧妙な宣伝や人の心を捕らえる ずる賢い手段によって、教会、教義、儀礼を確立する。そして、精神が求めつづけているものを見つけたいと願う者は、究極の美に出会うためには、ある種の精神の歪曲、抑圧や拷問を通過しなければならないという考えに捕らえられてしまうのである。

そしてまた、人はこういった信仰がすべて不合理であることを知性では了解している。知的にも、言葉のうえでも、人はいかなる信仰をもつこともまったく不合理であるとわかっており、いかなるイデオロギーについても、それがばかげていることを知っている。頭では、それがナンセンスであると言い、それに対する信仰を捨て去るが、内面の本心のところでは、儀礼、教義、信仰を超えたところ、救世主のかなた、明らかに人間が発明したあらゆるシステムのかなたに信仰を求める。

人は、自分の救世主や神が人間によって作られたものであることを知っており、また比較的容易にそれを捨て去ることができる。事実、現代人はそうしている。(人類は何世代にもわたって現在同様に生きてきたのに、なぜ「現代」という言葉が使われるのかわたしは理解に苦しむ。しかし、昨今の傾向として、人は聖職者、信仰、教義の権威をその本来の意味で全面的に否定している。現代人にとって神は死んでおり、しかも若くして死んでいる)。そして、神も信仰も存在せず、現世的な物質的享楽、肉体的満足と社会の発展だけが残っている。こうして人は、宗教的観念をすべて否定し、現実のためにだけ生きているのである。

人は、心の外にいる神と聖職者とをひとまとめにして否定することから始める。いかなる組織宗教もまったく価値がないので、完全に否定せざるを得ない。宗教は戦争を引き起こし、人間同士を分断してきた。ユダヤ教、ヒンドゥー教、キリスト教、イスラム教などはいずれも、人間を破壊し、互いを引き離し、つねに戦争と暴力の主な原因のひとつであった。こういったことのすべてを目にすれば、人は宗教を否定し、それを子供じみた未熟なものとして片付けてしまうはずである。誰でも頭の中では、それをいとも簡単に実行することができる。この世界に生きて、教会や寺院の搾取のやり口を見ていれば、それを否定しないでいられようか。

ところが、頭でなく心理のレベルでは、信仰と求道から自由になることはきわめて困難である。われわれはみな、人間によって、ずる賢い考えによって、いまだ触れられていない、また社会的、知的、あるいは文化的集団によっても汚染されていない、理性によって破壊し得ない、そんなものを見つけたいと願っている。それを心から求めている。なぜならこの人生は、苦難、闘争、悲哀、同じことの繰り返しだからだ。

人は、言葉、絵画、彫刻、音楽などによって自己を表現する能力をもつこともあるが、しかしそれさえも空しい。今日の生活はきわめて空虚であり、われわれはそれを音楽、文学、遊戯、娯楽、観念、知識などで穴埋めしようとする。しかし、人生をほんの少しでも、より深くより広く知れば、そこで肩書き、財産、資格などを獲得することはあっても、かえって人生がいかに空虚であり、存在全体がいかに浅薄であるかに気づかされる。

このように人生は空虚であり、そのことを悟ると、われわれはその空虚さを何かで満たしたいと願う。その空虚を満たすためだけでなく、人間には測り知れないものを発見するために、その道筋と方法を探索している。たとえば、意識の拡張をもたらすＬＳＤやさまざまな幻覚作用のあるドラッグを使用する者もいる。意識が拡張した状態は、頭脳にある種の感受性を与えるため、使用者は一定の効果を獲得し、あるいは経験する。しかし、それは化学による効果であり、本質から外れた外的な薬剤によるものである。人は期待をこめてドラッグを使用し、自己の内部でこのような経験をする。一方信仰をもつ者は、その信仰に従ってある経験をするが、この二つの過程はよく似ている。両者ともにひとつの経験を生んではいるが、またしても人は信仰の中にみずからを見失っている。一方は信仰というドラッグの中に、他方は化学的ドラッグという信仰の中に。

人は逃れようもなく、おのれの想念に捕らえられている。そして、すべての事象の本質を見抜いたとき、人はその想念を捨て去る。それにより、いかなる信仰からも完全に自由になる。そのことはけっして、不可知論者になるとか、あるいは皮肉屋や辛辣な人間になるということではない。むしろその反対に、信仰の本質を理解し、信仰が人間にとってなぜ特別に重要なものとなったかを理解する。

われわれが信仰をもちたがるのは、われわれが怖れを抱くからであり、根本的にはこのことが理由である。辛い日常生活において、それなりの者になれないのではないか、精神的に完成されないのではないかという怖れ、権力、地位、名声、評判を獲得できないのではないかという怖れ――それらが多大の怖れを引き起こす。人はそれに耐えているのだが、そればかりでなく内面的な怖れのために、信仰が重要になったのである。人生の完全な空虚さに直面しても、人は依然として信仰を手放さない。世界中で、聖職者たちが作り出した信仰の表面的な権威については捨て去ることもできる。しかし、人々が長い間繰り返し追い求めつづけてきた途方もないものを見出すために、それと出会うために、人は自分自身のための信仰を作り上げる。

かくして、人は探究する。探究の性格と構造はきわめてはっきりしている。一体全体なぜ人は探し求めるのだろうか？　それは本質的に我欲であり、目覚めた利己的な欲求ではあるが、それは依然として我欲であることに変わりはない。人は言う「人生は安っぽく、空虚で、単調で、ばかげている。しかし、これ以上のものが何かあるはずだ。あの寺院に行けば……あの教会に行けば……」。そうしてのち、人はそのすべてを捨て去って、もっと深く探しはじめる。

しかし探究というものは、どのような形をとろうとも心理的な障碍となる。この事実はもっと単純に、そしてはっきりとした形で理解されるべきである。すなわち人は、究極の真理へ導く、などと説くどのような外部組織の権威も等しなみに捨て去っていいし、事実そうする。しかし、探究の本質を理解したがゆえに放棄すること、すなわちすべての探究の放棄が必要である。なぜなら人は「何を探究しているのか」と尋ねるからである。

われわれが探究しているもの、欲しがっているものが何かを検証してみれば、自分がすでに知っているものや、かつて失くしたものを探しているわけではないのか？　これは探究が抱えるひとつの側面である。探究には認知という段階があり、つまり何かを見つけたとき、それが何であれ、その見つけたものが何であるかを認知できなければならない。そうでなければ、探究は意味をなさない。どうかわたしの言うことについてきて欲しい。人は、何かを発見しようと願いつつ、またもし見つかった際にはそれが何であるか認知できることを願いつつ探求しているのである。しかし、この認知とは記憶の作用である。したがって、彼はすでにそれについて知っており、一度見たことがあることを意味している。あるいは、すべての宗教団体の熾烈な宣伝によってしたたかに条件づけられ、自己催眠に陥ったのである。したがって、あなたが探究を行なうとき、あなたはすでに自分が探しているものについての観念、概念をもっており、それを発見したということは、あなたがそれをすでに知っていたということを意味する。そうでなければ、それが探しているものであることがわからないからだ。このような理由によって、探究によってそこで発見されるものは、まったく真実ではないということになる。

したがって、皮肉屋になったり沈み込んだりすることなく、すべての探究や信仰から精神を本当に自由に解放するよう心がけなければならない。なぜならわれわれは、もし終わりのない探究、努力、奮闘、模索などをやめると、衰えてしまうのではないかと考えがちだからだ。

われわれはいま、あたかも衰えていないかのごとく考えられているが、なぜわれわれが衰えてはいけないのか、わたしには理解できない。人は衰えるものである。すなわち、人は歳をとり、死に、物質的有機体には終わりがある。人の一生は衰退の過程である。その過程の中で、日常生活では模倣し、複写し、追随し、服従し、順応する。これらは衰退の様態である。したがって、もはやいかなる形の信仰にも捕われず、自己が作り出した信仰からも自由で、多少は困難であるかもしれないが何ものも探究することのない精神こそが、恐ろしいほどの活力をもっている。真理は瞬間から瞬間の間にのみ存在するものである。徳や美に似て、継続しないものである。継続性をもつものは、時間の産物であり、その時間は想念に他ならない。

人間が自分自身に対して行なってきたこと、つまり愛国主義的になったり、文学やあれこれの娯楽へ迷い込んだりしながら、いかに自分自身を苦しめ虐待してきたかを目にして、人生のこうしたすべてのパターンを知るにつけ、人はおのずと、この過程をすべて経験しなければならないのだろうか、という疑問をもつ。あなたはこの疑問の意味を理解できるだろうか？ もしあなたが多少なりと目覚めているとして、あなたは信仰、あらゆる形の探究、心を苦しめる振舞い、放縦、といったものを捨てつつ、ひとつずつすべての過程を通過しなければならないのだろうか？ 真実在と呼ぶものを見出すために自分自身に対して行なってきたことを目にして、人は問う。どうか、わたしにではなくあなた自身に問いかけて欲しい。これらすべてを一気に捨て去る方法や、爆発的状況はあるだろうか？ なぜなら、時間はその方法ではないからである。

探究とは時間をかけることである。おそらく一〇年かそれ以上、それともアジア全域で信じられているように、輪廻を経てようやく見つかるのか。これらはみな時間を内包している。争いや問題を徐々に放棄し、より賢く、より狡猾になり、ゆっくりと知識を獲得しつつ、次第に精神の束縛を解いてゆく。時間とはそういうことを内包している。明らかに、時間は真理へ至る道ではないし、同じく教義体系、導師、教師、哲学者、司祭たちが押しつける信仰や人為的修行も真理への道ではなく、これらすべてが子供だましである。

では、こういったすべてのものをまったく通らないで、あのすばらしい真理に出会うことができるのだろうか？　なぜなら真理は招き寄せることはできないからだ。この非常に単純な事実を理解してもらいたい。つまり、真理は招き寄せることはできないし、探し求めることもできない。

なぜなら、われわれの精神はあまりにも愚かで、狭小であり、感情は粗雑で、生活態度は混乱しており、真理という巨大で測り知れないものを、この小さな家のこざっぱりはしているが狭い部屋に招待することはできないからである。すなわち、人は真理を招くことはできない。招くためには、それを知らなければならないが、それを知ることはできない（誰がそう言うかは問題ではない）。なぜなら、「わたしは知っている」と言った瞬間に、あなたはそれを知ってはいないのである。それを見つけたと言った瞬間に、あなたはそれを見つけていないのだ。もし真理を経験したと言うなら、それをけっして経験してはいない。そんなことを公言するのはすべて、友人や敵を含む他者を食い物にするやり方である。

こういったことすべてを了解するには――襟を正してではなく、ものを書いたり、談笑したり、ドライブに出かけたり、一人で森を歩く、といった日常生活や毎日の行動の中でこのことすべてを一瞥で悟るには――何冊もの書物を読む必要はない。一気に、一目であなたはすべてを理解することができる。そして、自分自身を知ったとき、あるがままの自分を見たとき、あなたがヒンドゥー教徒、イスラム教徒、キリスト教徒、あるいはその他の何であれ、きわめて単純に、全人類の営為の結果としてのあなたは、本当にこのことを包括的に理解することができる。ここがいちばん大事な点である。あるがままの自分自身を認識することにより、あなたは、人間の努力、欺瞞、偽善、残忍、探究といったものの全体の構造を知るのである。

そして人は、それがまさしく存在することを願って、それがまさしく起こることを願って、招いたり、待ったり、探したり、探索したりすることなく、真理に出会えるかどうかを尋ねる。あたかも、開け放たれたままの窓から心地よいそよ風が入ってくるように。風を呼び込むことはできないが、しかし窓は開けたままにしておかねばならない。このことは、何かを待機している状態を意味するのではない。それは欺瞞の一種だ。また、真理を受け容れるため自分自身を開かなければならないということを意味するのでもない。それもまた、ひとつの作られた考えだからである。

もし人が、何かを探究あるいは信仰することなく、自分自身に問いかけるとすれば、その問いかけこそが真理を発見することである。しかし、われわれは問いかけない。反対に、語りかけられることを望む。われわれは、あらゆることにつき確認と肯定を求め、基本的に、奥深いところで、内外のあらゆる権威からけっして自由ではない。それは、われわれの精神構造の最も奇妙な一面である。われわれはみんな、何かを語ってもらおうと願う。

われわれの精神は、これまで語られたことの集大成である。そして、これまで聞かされてきたことは、過去数千年に及ぶプロパガンダである。その中には古代の書物や現代の指導者、説教師たちの権威がある。しかし、もし真剣に本心からこういった権威をすべて否定するならば、人は怖れを感じなくなる。怖れを感じないということは、怖れを直視することである。

しかしわれわれは、快楽の場合と同様にけっして怖れと直に接することはない。あたかもドア、手、顔、木などに触れるようには、直に怖れに触れることはけっしてない。われわれ自身が作り上げた怖れについてのイメージを通してのみ、怖れに接触する。われわれは半分の喜びを通じて、喜びを知っているだけである。われわれは何ものともけっして直に接触することはない。

ところで、あなたが森を歩いているときに、直に木と触れたことに気づいたかどうか、つまり本当に木との接触があったか否か、わたしにはわからない。あるいは、あなたは現に木に触れているにもかかわらず、あなたと木の間にはスクリーンが存在していたかもしれない。同様に、怖れと直接に触れ合うためには、その間にイメージがあってはならない。つまり、実際に過去の怖れの記憶がないことが必要である。そうなって初めて、人は現在目の前の怖れに如実に出会うことができる。過去の怖れについての記憶がないならば、人は、目前の怖れに直面するだけのエネルギーをもっているのであり、また、現在に直面する巨大なエネルギーをもつ必要がある。

われわれは、みんなに具わっているこの生命力を、イメージ、信条、権威などを通じて浪費している。それは快楽追求の場面でも同じだ。快楽の追求はわれわれにとってきわめて重要である。快楽の中でも最大のものは神であると見なされているが、それは知り得るかぎり最もぞくぞくするようなものであるに違いない。しかしわれわれは、究極者をイメージしているため、そのイメージに妨げられてけっして出会うことはできない。それは、あたかも喜びを、過去の喜びとして認識してしまっているために、現実の場での具体的な経験としては、けっして喜びと直接に向かい合えないのと同じことである。このように、現在にスクリーンをかけ、覆い隠しているのは、つねにわれわれの過去の記憶である。

これらすべてを了解したうえで、何ひとつ行なわず、何かに励むことも探究することもなく、いかなる行為も起こさず、完全に消極的で、完全に空虚になることができるだろうか？　なぜなら、人間のすべての行為はその観念作用の結果であるからだ。もし、自分が行為していることころを見れば、それが、過去の観念、概念、記憶のゆえに起きていることがわかるだろう。人間の観念と行為の間には、その隙間がどんなに小さく、いかにわずかであっても懸隔があり、そのために争いが生じる。あなたは、考えることも怖れることもなく、心を完全に静寂に保って、その結果驚くほどの活力と集中力を獲得することができるだろうか？

パッションという言葉があり、よく「受難」の意味に使われる。キリスト教徒は、イエス・キリストの十字架上の受難の意味に使っている。われわれは、この言葉をそのように使ったことはまったくない。この完全な無の状態にあることが、最高のパッションのかたちなのである。パッションとは完全な自己放棄を意味する。この完全な自己放棄には、途方もない厳格さがなければならない。それは民衆を苦しめ、自分を痛めつけ、精神を残忍にしたがゆえに厳しくなった聖職者のもつ厳格さではない。厳格さとは、度外れた単純さであって、それは衣服や食事のことではなく、精神内部のことである。

この厳格さ、パッションは、全否定の最高の形態である。そして、たぶん運が向けば――そこには運など存在せず、真理は招かれずとも訪れる――精神はもはや何かを頑張るなどということができなくなるだろう。そうなればあなたは、おのれの意のままに行動する。なぜならそこには愛があるだろうから。

これまで述べたような宗教的精神がなければ、真の社会を作ることはできない。われわれは、この恐ろしい私利私欲が幅をきかす余地のないような、新しい社会を創造しなければならない。このような宗教的精神だけが、外界においても内面においても平和をもたらすことができるのである。

『最初で最後の自由』第二八章より

質問者――われわれの精神は、自分がすでに知っているものしか知らない。しかし、われわれの内部には、いまだ知らないものや、真実在、神の発見へとわれわれを突き動かすものがある。それはいったい何なのか?

クリシュナムルティ

あなたの精神は、未知のものへあなたを駆り立てるのか? われわれの内部に、未知のもの、真実在、神に対する渇望があるのだろうか? このことを真剣に考えてみて欲しい。これは言葉のなりゆきでの質問ではないので、このことを実際にはっきりさせたい。われわれは未知のものを見出したいという内的渇望をそれぞれがもっているのだろうか? 本当にそうだろうか? どうして未知のものを発見できるのか? 未知のものを知らないならば、どうやってそれを発見できるのか? それは真実在への渇望なのか? それとも単なる知ることへの欲望が拡大しただけなのか? わたしの言っていることが理解できるだろうか?

自分は多くのことを知っているが、それは、幸福も満足も喜びも与えてはくれない、だから、もっと大きな喜び、より深い幸福、もっと強い活力を与えてくれるものが欲しい、とあなたは願っている。既知のもの——すなわち自己の精神、すでに知っているもの、過去の結果であるこの精神に、いまだ知らないものを探すことがはたして可能だろうか？　もし真実在、未知のものを知らないとしたら、どうしてそれを探究できるのだろうか？　当然ながら、未知のものは向こうからやって来るのであって、こちらから追い求めることはできない。もし追い求めるとすれば、そこで求めようとしているものはすでに知られているもの、自己が投影したものである。

われわれの中にある、未知なるものの発見へとわれわれを突き動かすもの、それが問題なのではない。それについてはよくわかっている。つまりそれは、人生の混迷、苦痛、困惑などから逃れ、より安全、永続、確実、幸福でありたいというわれわれ自身の願望である。それははっきりした衝動である。そのような意欲、衝動があるために、仏陀やキリスト、あるいは政治的スローガンなどの中に、すばらしい逃げ道、隠れ家を求めようとする。しかし、そういうものは真実ではない。それは不可知ではなく、未知のものでもない。

したがって、未知への衝動は終了させなければならず、未知への探究は中止しなければならない。そう考えることは、累積した知識、すなわち精神について、その本質を理解していることを意味する。その精神は、それ自身を既知のものとして理解しなければならない。なぜなら、精神とは、精神が知っているすべてのもののことだからである。あなたは、自分の知らないことについては考えることはできない。考えることができるのは、知っていることについてのみである。

われわれにとって厄介なのは、精神に知的探究をさせないことである。それが可能となるのは、精神がおのれを知り、過去から現在そして未来へと、いかに活動を続けてきたかを理解したときだけである。それは知識というものの連続運動のひとつである。この運動を終わらせることができるだろうか？　探究を終わらせられるのは、知るというそれ自身の過程のメカニズムがわかったとき、または精神それ自身およびその働き、方法、目的、探究、要求を、表面的だけでなく心底からの衝動、動機も含めて解明できた場合だけである。

これはきわめて骨の折れる作業である。あなたが解決しようとしていることは、話し合ったり、教わったり、本を読んだりすることでは実現不可能である。反対に、不断の注意深さ、つまり目覚めているときばかりでなく眠っているときでさえも、思考のあらゆる動きについて気づきつづけていることが必要である。しかも、間歇的でも部分的でもなく、すべての過程についてそうであらねばならない。

さらに、その意図が正しくなければならない。つまり、心の底ではわれわれはみな未知なるものを求めている、という迷信を捨てなければならない。われわれすべてが神を探し求めていると考えるのは幻想である。そうではない。われわれは光明を探し求める必要はない。暗闇がなくなれば、光明は現われるだろう、しかし、暗闇を通して光明を見出すことはできない。われわれにできることは、暗闇を作り出している障碍物を取り除くことだけであり、その作業はわれわれの意図の如何にかかっている。もし、光明を見るという目的で取り除くのならば、それは、何ものも取り除いたことにはならない。ただ、暗闇の代わりに「光明」という言葉を入れ替えたにすぎない。たとえ暗闇を超えてその向こうをのぞいても、所詮は暗闇から逃れただけである。

われわれを突き動かすものは何であるかということではなく、混乱、動揺、争い、対立といった、人間存在におけるすべてのばかげたことが、なぜわれわれの内に起こるのかを考えてみなければならない。もし、こういったばかげたことがなければ、そこには光明があり、われわれはそれを探す必要などないのである。愚かしさがなくなれば、おのずと智慧が現われる。

しかし愚かであるから賢くなろうという人間は、やはり愚かなままである。愚かさから智慧を作ることはできない。愚かさがなくなったときにのみ、智慧、賢さが現われる。愚かなままで賢くなろうとする者は、どうあがいてもそうなることはできない。愚かさの本質を知るには、表面的にではなく、どっぷりと、完全に、深く、根本的に愚かさの内部に入り込み、愚かさの各層を経験しなければならない。そして、その愚かさが止んだとき、智慧が現われる。

したがって、われわれを未知へと急き立てる既知以上のもの、より偉大なものを発見することが大事なのではない。そうではなく、われわれの内部にあって、混乱、戦争、階層差別、俗物根性、有名願望、知識の蓄積、音楽や芸術その他への逃避、といったことを生み出しているものを知ることの方がより大事である。そして、それをあるがままに見、あるがままのわれわれ自身に戻ることこそが、たしかに重要である。そこから、われわれは前へ進むことができる。そうなれば、既知のものを投げ捨てることは比較的に容易である。

精神が静かなとき、もはや気持ちを未来へ向けたり何かを欲しがったりせず、本当に静かで心底平和なときに、いまだ知らないものが現われる。あなたはそれを探す必要はない。それを招き入れることはできない。招くことができるのは知っているものだけである。いまだ知らない客を招くことはできない。知っている人だけを招待できる。しかし、未知のもの、神、真実在、あるいはあなたが知りたいものについては、あなたは知らない。しかし、それは必ず現われる。畑がよく耕され、土地が整備されているときにだけ、神は訪れる。しかし、もしその訪れを期待して耕したのであれば、神は訪れない。

問題は、知ることのできないものをどうして探すかではなく、すでによく知っているわれわれの精神の形成過程を理解することである。それは困難な作業であって、絶えざる注意と自覚が求められる。そこでは、注意散漫、同一視、非難といったことは認められず、事実がそのまま現われる。そこで、初めて精神が静かになる。瞑想や修行をいくら積んでも、言葉の真の意味で、精神を静止させることはできない。風が止んだときだけ湖面は静まるのであって、人には湖面の波を静めることは不可能である。同様に、われわれのなすべきことは、知ることのできないものを探すことではなく、われわれ自身の混乱、動揺、不幸といったものを自覚することである。そうすれば、あのものがひそかに姿を現わし、そこに至福がある。

『未来の生』第四章より

質問者——神とはいったい何だろうか？

クリシュナムルティ

あなたはどうやって神を発見するつもりでいるのか？　誰からか情報を入手するつもりでいるのか？　それとも、神とは何であるかを自分で発見してみるつもりなのか？　神とは何かと質問することは簡単だ。しかし、真理を体験するには、大いなる智慧、多くの問いと探究が必要である。

そこで最初の質問だが、あなたは神に関して誰かが語ったことをそのまま受け容れるつもりでいるのか？　それが誰であってもかまわない。クリシュナであろうが、仏陀であろうが、キリストであろうが。彼らはすべて間違っているかも知れないし、同様にあなたの導師も間違えることがあり得る。要するに、真実を見出そうと思えば、探究心から自由でなければならない。つまり、真理というものは、単に受け容れたり、信じたりできるものではないということである。わたしは真理について説明を与えることはできるが、しかし、それはあなた自身が経験する真理とは同じではないだろう。すべての聖典は神とは何かについて述べているが、その描写は、神とは違うものである。神という言葉は神ではない。違うだろうか？

真実なるものを発見しようとするならば、けっして書物、教師、その他の者の言うことを受け容れたり、それから影響されたりしてはならない。もしその影響を受けたならば、あなたが発見するものは、彼らがあなたに発見してもらいたいものだけに限られてしまう。またあなたの精神は、それが望む通りのイメージを創作できるのだ、という事実を知っていなければならない。つまり、神にひげを生やすことも、一つ目にすることも、青や紫の肌をもたせることもできるのである。

したがって、おのれ自身の願望を自覚し、おのれの欲求と憧れの投影に騙されてはならない。もし、ある特定の姿の神を見たいと憧れていれば、あなたが見る神のイメージはあなたの望みに合ったものとなるだろうし、それは神ではないだろう。そうではないだろうか？　もしあなたが悲しんでいて慰めを求めているならば、あるいは宗教的憧憬の中で傷つきやすくロマンチックな気分でいるならば、当然のなりゆきとして、あなたの望みを叶えるような神を創り出すだろう。しかし、それはなおさら神ではない。

精神は完全に自由な状態でなければならない。自由なときにだけ、迷信を受け容れたり、いわゆる聖典を読んだり導師に従ったりすることなく、真実なるものを見出すことができる。外的影響および自分自身の欲望や憧れから真に自由となり、精神が非常に透明になったとき、そのときにだけ、神というものを見出すことができる。しかし、ただ坐り込んで考えているだけならば、あなたの想うことはあなたの導師のそれと同じで、共に幻想である。

質問者――われわれは自分の無意識の願望に気づくことができるだろうか？

クリシュナムルティ

まず初めに、あなたは自分の意識的願望については気づいているのか？　願望とは何であるかをわかっているのか？　あなたはふだん、自分の信じることと反対のことを言う人に耳を貸していないという事実に気づいているだろうか？　あなたは、自分の欲望に妨げられて、人の言うことを聞こうとしない。もし、あなたが神を欲しているとして、誰かがその神はじつは欲求不満と怖れの産物である、と指摘したならば、あなたはそれに耳を貸すだろうか。もちろん貸さないだろう。

あなたが欲しがっているものと真理とは、まったく別のものである。あなたは、自分自身の欲望の枠内にみずからを閉じ込めてしまっている。あなたは、自覚している欲望について、その半分ぐらいしか知らない。そうではないだろうか？　そんなわけだから、心の奥深く隠された願望に気づくのはさらに困難である。隠されたものを見つけ出し、その真の動機を発見するためには、探究心は十分に明晰かつ自由でなければならない。まず初めに、自分が自覚している願望について十分に知ること、次に、心の表層にあるものを次第に理解していくことで、より深いところまで理解することができるようになる。

『未来の生』第七章より　若人とともに

質問者――神に出会ういちばん簡単な方法は何だろうか？

クリシュナムルティ

残念ながら、簡単な道はない。なぜなら、神を見出すことは、もっとも面倒かつ困難だからだ。ここで神と呼んでいるのは、われわれが頭で創作したもののことではないだろうか？　あなたは、心の本性については承知しているはずである。心は時間の結果として生まれたものであり、どんなもの、どんな幻想でも作り出すことができる。また、もろもろの観念を創造し、空想や想像に耽ることもできる。心は絶えず蓄積、廃棄、選択作用を行なっている。偏見を植え付けられ、視野を狭められ、限定されながらも、心は神について思い描くことができる。つまり、心はおのれ自身の限界に従って、神というものを想像できるのである。

たとえば、教師、司祭、またいわゆる聖者たちは、神が存在することについて、および神がどんなものであるかについて、語っているではないか。このように、心は神をさまざまな姿かたちに想像することができるが、しかし、そのようにして思い描かれたものは神ではない。神は心で発見できるたぐいのものではない。

神を理解するには、まず初めにあなた自身の心を理解しなければならない。それはきわめて難しいことである。心は非常に複雑であって、それを理解することは容易ではない。しかしながら静かに坐し、ある夢想状態に入り、さまざまな幻想や幻覚を経験し、それで自分が神のすぐそばにいると考えるのは至って簡単である。心というものは、自分をとんでもなく欺くことさえできる。神と呼んでもいいものを実際に経験するためには、あなたは完全に静かにならなければならない。それが極端に難しいことだと気づかなかっただろうか？　先輩の修行者たちもけっして静かに坐ることはなく、いかにそわそわし、手足をもじもじと動かしていたか、あなたは気づかなかっただろうか？

黙って静かに坐することは肉体的に困難である。そして、心を静止させることは、それ以上にいかに困難であることか！　師について、心を静止させようと頑張っても、あなたの心は本当には静かにならない。それはあたかも部屋の隅に立たされている子供がじっとしていないのと同じである。強制なしに心を完全に静止させるには、大変な技がいる。そしてそれができたときだけ、神と呼び得るものを経験できる可能性がある。

質問者——神はあらゆるところにいるのか？

クリシュナムルティ

あなたは本当に神を見つけたいのか？　あなた方はいろいろ質問する、しかし、すぐにその熱が冷め、わたしの言葉に耳を貸さなくなる。大人たちが、あなたたちにほとんど耳を貸そうとしないことに気づかないか？　彼らがそうしないのはなぜかと言えば、自分自身の考え、感情、満足や悲しみに強く捉えられてしまっているからだ。あなた方に、この事実に気づいてもらいたい。もし、ものの観察方法や耳の傾け方、本当の聞き方を知ることができれば、人間についてだけでなく、世界に関しても多くのことを発見するだろう。

神はあらゆるところにいるのか、とこの少年は尋ねている。彼は、そんなことを尋ねるには少し幼すぎるようだ。彼はその質問の真の意味を知らないだろう。たとえば、美しさ、空を行く鳥、流れる水、素敵に微笑む顔、風に舞う木の葉、物を担ぐ女といったものについては、たぶん何となく気づいてはいるだろう。そして、怒り、騒音、悲しみといったものがあたりに充満していることも。したがって、少年はおのずと、人生とはいったい何かということに興味と疑問をもったのだ。そして大人たちが神について話すのを耳にし、彼はとまどっている。だから彼にとっては、その質問はとても大事なものだったのだ。そうではないだろうか？

その答えを探すことは、あなた方すべてにとっても同様に大事だろう。なぜなら、かつてわたしが語ったように、あなた方もやがて無意識に、心の奥深くでこのことを理解しはじめるだろうから。そして、大人になるにつれて、この醜悪な闘争に明け暮れる世界とは別に、それ以外のものについてのヒントを得るだろう。世界は美しく、地球は慈愛に満ちており、ただ人間だけがそれを駄目にしているのである。

質問者――人生の真の目的は何だろうか？

クリシュナムルティ

人生の真の目的は、第一に、あなたがそれだと思うとおりのものであり、あなたが人生とはこれだと思うとおりのものである。

質問者――真実在というものが関わっている以上、人生の目的は何か他のものに違いない。わたしは個人的な目的をもつことには特に興味はなく、すべての人間にとっての人生の目的が何かということを知りたい。

クリシュナムルティ

それをどうやって見つけるつもりなのか？　誰が示してくれるのか？　たとえば、読書によって見つけることができるだろうか？　ある著者はある独特の方法を教えるかもしれないし、また別の著者はそれとはまったく違う方法を示すことだろう。病人のもとへ行けば、人生の目的は幸福であることだと言うだろうし、何年も満足に食べたことのない飢えた者の所へ行けば、彼の目的は満腹になることだろう。一方、政治家に問えば、人生の目的は指導者、世界の統治者になることだろうし、もし若い女性に問えば「子供をもつこと」と答えるだろう。また、遊行者に尋ねたら、彼の目的は神を見ることである。

人生の目的、つまり、人々の心の奥にある願いは、一般的に言えば、われわれに満足を与え、慰めてくれるものを見出すことである。疑い、問い、不安、恐怖といったものを抱かないでいいように、人々は安心と安全を求めており、われわれはみな、すがりつくことのできる永遠なる何かを求めているのである。そうではないだろうか?

したがって、人間にとっての人生の一般的な目的とは、ある種の希望、安心、永遠といったものである。「それがすべてなのか?」と言ってはならない。これは有無を言わせない事実であり、何よりも先に、その事実をしっかりと認識しなければならない。そして次に、そのすべてについて疑いをもたなくてはならない。つまり、自分自身に疑問をもたなければならない。なぜなら、あなたは全体の一部だからだ。あなたの目的は、あなた自身の内部に埋め込まれている。なぜなら、あなたは全体の一部だからだ。あなた自身が安心、永遠、幸福を願っており、すがりつく対象を求めているのである。

そこで、もしそれ以上の何ものか、すなわち人間の心の中には存在しないような真理を見つけようとするならば、心の作り出すすべての幻想を断ち切らねばならない。すなわち、あなたはそれが幻想であることを理解し、それを捨ててしまわなければならない。そうして初めて、人生に目的があるかどうかということについて、真実を発見できるだろう。人生には目的がなければならないと決めつけたり、目的が確かにあると信じたりすることは、これまた単なる別の幻想である。しかし、もし、自分の争い、苦労、痛み、虚栄心、野心、希望、恐怖心といったものすべてを問いただし、そのすべてを身をもって経験し、超越するならば、そこで初めてそれがわかるだろう。

質問者――もしより高い境地に達したならば、ついには究極のものを見ることができるだろうか？

クリシュナムルティ

あなたとそのものの間に多くの障壁が存在するかぎり、どうしてその究極のものを見ることができるだろうか？

まず初めに、そういった障壁を取り除かなければならない。閉めきった部屋にいては、新鮮な空気がどんなものかを知ることはできない。新鮮な空気が欲しければ、窓を開け放たなければならない。同様に、その究極のものを見たければ、自分の内部にあるすべての障壁、制限、条件を見届け、それを理解し、捨ててしまわなければならない。そうすれば、それを発見するだろう。しかし、こちら側に坐ったままで向こう側のものを見ようとしても、それは意味がない。

『生へのコメンタリー・シリーズ1』第一八章より

静かな水面に夕暮れの長い影がかかり、川は一日を終えて静まりかけている。水面には魚がはね、大きな鳥が大木の間にねぐらを求めて飛び交っていた。銀色に青みがかった空には雲ひとつなく、手拍子をとりつつ歌っている人々を満載した一艘のボートが川を下ってきた。遠くで牛の鳴き声がした。夕暮れのひとときである。マンジュギクの花輪が、沈む夕陽に輝く水面を流れ、川、鳥、林、そして村人たち……このすべてがとても美しく、生命に満ちていた。

われわれは一本の木の下に座り、川を見下ろしていた。木の近くには小さな寺院があり、二、三頭の痩せた牛があたりをうろついていた。寺院はこざっぱりと掃き清められており、花壇には水が撒かれ、手入れが行き届いていた。一人の僧が夕べの祈りを行なっており、その声は辛抱強くまた悲しげだ。沈み行く夕陽の最後の光の下で、川面はいま開いたばかりの花の色に染まっていた。

そのとき、見知らぬ男がわれわれのところに来て、自分のこれまでの経験について語りはじめた。彼は長い年月を神を探すことに捧げ、これまで幾多の禁欲行を実践し、自分のやりたかったたくさんのことを絶ってきたと語った。また、学校の建設など公共的な活動にも大いに貢献してきた。多くのことに興味があったが、中でもいちばんは神を発見することであった。そして、いまや、永年の努力の結果、神の声が聞こえるようになり、その声の導きによって大事も些事も行なっていると言う。彼には自分の意志というものはなく、すべて心の中に聞こえる神の声に従うのみである。その声はけっして間違ったことがなく、むしろ彼がしばしばその声の明瞭さを誤解したことがあるくらいである。彼は神の声を受けるにふさわしい器であるように、自己の浄化をつねに祈ってきたと言う。

ところで、推し測ることのできないような存在を、あなたやわたしは見つけ出すことができるだろうか？　時間の外にあるものを、時間によって作られたものが探し出せるだろうか？あるいは、一心に修行を行なえばその未知のものへ到達できるだろうか？　始まりも終わりもないものへ近づく方法がいったい存在するだろうか？　その真実在はわれわれの欲望の網の目に引っかかることがあり得るだろうか？　われわれが捉えることのできるのは、われわれがすでに知っているものの投影である。しかし、既知のものに未知のものを捕らえることは不可能である。

また、名前をつけられたものは、名づけ得ないものとは異なっている。名前をつけることで、われわれは単に条件づけられた反応を目覚めさせるだけである。このような反応は、それがいかに高貴で愉快であったとしても、真実のものではない。われわれは刺激に反応するが、しかし、真実在は何の刺激も与えない。それはあるがままである。

精神は既知のものから既知のものへと動くが、未知のものへは到達できない。あなたは、自分が知らないものについては、考えることさえできない。それは不可能だ。あなたの考えることは、すでに知っているもの、つまり過去から生まれる。遠い昔であれ、ほんの数秒前であれ、それは過去の記憶からである。過去とは思考であり、それは多くの影響のもとに条件づけられ、形成され、また、環境と周囲の圧力に適応してみずからを修正し、永久に時間という過程にとどまっている。

思考作用は否定か肯定しかできず、新しいものを発見あるいは探究することはできない。思考は新しいものに出会うことはできないが、思考が静かなとき、つまり、思考が停止しているときには、新しいものが現われるかもしれない。だが、それはたちまち思考作用によって、古い、経験されたものに変換されてしまう。思考は経験のパターンに従って絶えず変形、修正、色づけといった作業を行なっている。思考の働きとは、伝え合うためのものであって、経験の中に入ることではない。経験が終わると、思考が代わって登場し、既知のカテゴリーの範囲内でその経験に命名する。こうして思考は未知のものには入り込むことはできず、したがって、真実在を発見あるいは経験することはけっしてできない。

修行、自制、脱俗、儀礼、徳行などといったものはすべて、いかに高貴であっても思考に支配された過程である。思考はある目的、達成へ向かって働くことができるだけであり、そういったものは依然として既知の世界に属している。達成とは安心立命であり、既知の世界の自己防衛的な確実さのことである。したがって、名のないものに安心を求めることは、それを否定することである。そこで見出され得る安心は、単に過去の、既知のものの投影の中にだけある。以上のような理由によって、精神は完全に、そして深く静寂でなければならない。

しかし、この静寂は犠牲、純化、抑圧などによって手に入れることはできない。静寂は、精神がもはや探究することをやめ、何者かになる実現化過程に囚われなくなって初めて現われる。この静寂は、蓄積できず、修行によって作り上げることもできない。静寂は精神にとっては、永遠と同様に未知のものであるに違いない。なぜなら、もし、精神が静寂を経験するとすれば、そこには、過去の経験の結果である経験者（経験を収集あるいは解消する精神活動――訳者注）が存在し、それは過去に起こった静寂を知っており、つまりそれが経験したものは、単に自己投影の繰り返しにすぎないからである。精神は新しいものをけっして経験できない。したがって、精神は何もせず、どこまでも静かでなければならない。

精神は、経験をやめたときにのみ静かになることができる。すなわち、それは精神が命名活動、記憶への銘記あるいは蓄積活動をやめたときである。この命名と銘記活動は単に精神の表層だけでなく、意識のさまざまな層においてもつねに行なわれている。表層の精神、意識が静かになったときに、より深い精神がその暗示を提供することができる。すべての意識が静まり、穏やかになり、あらゆる実現化から自由になり、自己本来の自然な姿であるとき、そのときにのみ、測り難きもの、真実在が出現する。しかし、この自由を維持したいという欲求は実現者の記憶を継続させようとし、このことは真実在の発見への障碍となる。真実在は持続しない、それは瞬間から瞬間に存在し、つねに新しく、つねに新鮮である。継続性を保つものはけっして創造的ではない。

表層の精神は、単に伝えるための道具にすぎず、測り難いもの、真実在を捉えることはけっしてできない。真実在は言葉に表わすことができず、いったん言葉に表わされたら、それはもはや真実在ではない。

これが瞑想である。

ボンベイにて　一九六五年三月三日

人類は幾世紀にもわたり、絶えず平和や自由、そして神と呼ばれる至福の境地を探し求めてきたと言えるだろう。それを歴史上のさまざまな時代に、異った名のもとに行なってきた。そして、明らかにほんの一握りの人々だけが、精神的な意味での大いなる平和、自由、神と呼ぶ境地を発見してきた。近代では、そのことはたいして重要ではなくなり、神という言葉は軽い意味で使われている。しかしわれわれは、いつもこの世から遠いところにある至福、平和、自由の境地を求めつづけ、永遠なるもの、聖域、神聖さを与えてくれるもの、内面深く確かな平安をもたらすものなどを求めて、この世からさまざまな姿で飛び立ってきた。

人が神を信じるかどうかは、彼の受けた精神的影響、伝統、育った風土次第である。至福の状態、自由、そして並外れた平安を見出すためには、それは生きたものでなければならない。そして人はなぜ、現実に直面することも、現実を変革することも、その結果現実を克服することもできないのかを理解しなければならない。

ここで、人はなぜいつも行動ではなく、観念の方により大きな重要性を与えるのかについて語り合い、ともに理解し合いたい。このことについては、これまでいろいろな機会に、さまざまな形で話してきたが、ここでは、これまでとは異なる方法でこの主題を扱ってみたい。というのは、われわれは、自分の生きているこの社会に対し、全面的に責任があると思われるからである。現代人の惨めさ、混乱、はなはだしい残忍さに関し、われわれの一人ひとりに、初めから終わりまで完全に責任がある。われわれは、そこからどうしても逃れることはできない。したがって、この状況を変革しなければならない。人間は社会の一部分であると同時にこの社会を創ったのであり、社会に対してまったくすべてにおいて責任がある。したがって、この社会を変えなければならない。人は観念の世界へ逃げ込むことを完全にやめた暁に、初めて自分自身の内部において、そしてその結果として社会の内部において、転換と変革を実現することができる。

神とは、人が生まれ育った風土、環境および伝統に依存している観念である。共産主義の世界では、その環境に応じて人々は神を信じない。一方、ここインドでは、あなた方は自分たちのおかれた環境、生活、伝統にもとづいて自分たちの観念すなわち神々を創り上げている。人はこのような環境や社会から自分を解き放たなければならない。この自由の境地において初めて、人は真実なるものを発見することができる。しかし、神という観念の中に逃げ込むだけでは、この問題はまったく解くことはできない。

「神」とは、どんな名前で呼ぼうとかまわないが、人間によるいんちきな作り物である。われわれはそのいんちきな作り物を、香、祭礼、さまざまな形の信仰、教義などでおおい隠し、カトリック教徒、ヒンドゥー教徒、イスラム教徒、パルシー教徒、仏教徒などと人間を分断している。これらはみな人間が発明したずる賢い仕組みである。人間はそれを発明し、逆にそれに捕らえられてしまった。現代の世界、われわれの生きる世界――惨めで、混乱、悲しみ、不安、失望、存在の苦悩、完全な孤独、生きることのまったくの無益さに満ちた世界――こういった世界についての完全な理解なしには、ただ単に観念をいくら積み重ねても、いかに満足しても、まったく何の価値もない。

なぜ人間は観念を生み出したり体系化したりするのか、それを理解することはきわめて重要である。いったい、なぜ精神は観念を体系化するのであろうか？　「体系化」という意味は、哲学的、合理的、あるいは人間的、または物質的な観念から仕組みを作ることである。観念とは組織された思考であり、その組織された思考、信仰、観念の中に人間は生きている。これが、宗教を信じようが信じまいが、われわれみんなが行なっていることである。

なぜ人間は、いつの時代も観念を特別に重視してきたのか、その理由を発見することが重要である。なぜ、われわれは観念を体系化するのであろうか？　もし自分自身をよく観察すればわかることだが、われわれは不注意なときに観念を作り出している。あなたが活動に集中し、すべての注意をそこに向けているとき——それが活動なのだが——そのときには、観念は存在しない。あなたはただ活動しているだけである。

どうかわたしの話すことに肯定も否定もせずに、少しだけ耳を傾けて欲しい。自分の考え、信仰、反論、およびその他すべてのものを抱え込んだりして、聞くのを妨げるような障壁を作らないでもらいたい。ただ聞くだけでいい。われわれは、あなた方に何かを信じ込ませようとしているのではないし、いろいろな方法で、あなた方を特定の思想、考え方、あるいは行動に導こうとしているのでもない。あなた方が好むと好まざるとにかかわらず、ただ単に事実を述べているだけであり、重要なことは事実について学ぶことである。

「学ぶ」とは徹頭徹尾聞くこと、徹底的に観察することである。もし木に止まっているカフスの鳴き声を聞くとき、あなたは、自分で雑音を立てたり、自分の恐怖、思想、観念、意見などを考えたりしながら聞いてはいけない。そうすれば、そこには何の観念もなくて、あなたは実際に聞いていることに気づくだろう。

それと同様に、わたしの話に耳を傾けて欲しい、ただ聞くだけでいい、意識しつつ同時に無意識で——無意識であることはたぶんより重要だろうが。われわれの多くはいろいろな影響を受けている。われわれは、気づいている影響についてはそれを拒絶できるが、無意識の影響を排除することはもっと難しい。あなたがそのような状態で聞いているときは、意識的でも無意識でもない。そのときにはあなたは完璧に集中している。集中はあなたのものでも、わたしのものでも、まして国家のものでも宗教的なものでもなく、それは分割できないものである。

あなたがそれだけ完璧に聞いているとき、そこには考えは存在しない。ただ聞くという状態があるだけである。何か美しい音を、楽しい音楽を聞いているとき、あるいは山、夕日、水面の光、雲などを見ているとき、われわれはだいたい同じように集中している。この集中状態、聞き入っているだけ、見ているだけの状態にあるとき、そこに考えは存在しない。

同様に、あなたがもし気楽に、努力なく集中して聞くことができるなら、そのとき、考えと行動の深い意味を知ることになるだろう。われわれのほとんどは、不注意なときに考えを体系化する。そして、この考えが安心や確信を与えてくれるとき、われわれは考えを創造したり作り上げたりする。その確実性の感覚、安心感が、また考え、観念を生み、われわれはその観念の中へ逃げ込んで行動しなくなる。そこに存在するものが何であるかを完全に理解できないとき、われわれは、観念を創造し、体系化する。こうして、観念は事実よりさらに重要なものとなる。

ところで、神が存在する、あるいは存在しないということの真相を見つけ出す際には、観念は何の意味ももたない。また、あなたが神を信じるか信じないか、あるいは有神論者か無神論者かといったことも、どちらも意味がない。ことの真相を発見するためには、あなたの全エネルギーが必要である。それは完全な、すべてのエネルギーであり、汚れも、傷も、歪みもなく、堕落していないエネルギーである。

人間が何百万年もの間探しつづけてきた真実在といったものが存在するかどうか、それを発見し、理解するためには、人はまったく無傷の汚されていないエネルギーをもたなければならない。そして、そのようなエネルギーをもつためには、努力ということを理解しなければならない。

われわれの多くは、努力や苦闘の生涯を送るが、その努力、苦闘、頑張りはエネルギーの浪費である。いつの時代にも、あの真実在あるいは神――それをどう呼ぼうとも――を見出すためには独身でなければならないと言われてきた。すなわち、貞潔の誓願を立て、それを守るために全生涯にわたり、終わることなく自分自身を抑制し、制御し、性欲と戦うのである。何というエネルギーの浪費だろう！

放縦もまたエネルギーの無駄づかいである。そして抑制することは、もっとはるかに重要な意味をもつ。なぜなら、抑制、自制、欲望の否定に費やされた労力は、みずからの精神をねじ曲げ、歪みはある種の厳格さを生み、それは残酷さとなるのである。聞いて欲しい。そのことを自分自身および自分の周りの人々を通して、観察して欲しい。

そしてこのエネルギーの無駄づかいを観察してみるといい。性への関与ではなく、また現実の行為でもなく、理想やイメージや喜び、そういったことを考えつづけること、いわば性との戦いは、エネルギーの浪費である。そして、ほとんどの人間は、克己や貞潔の誓い、またそんなことを際限もなく考えつづけることで、エネルギーを浪費しているのである。

ところで、われわれが住むこの社会の状況について、あなたにもわたしにも責任がある。しかも、あなたの選んだ政治家ではなく、あなた自身に責任がある。というのは、政治家たちを現在のように、不正直で自己満足的で、地位と名声の亡者にしたのはあなたたちだからだ。そして、彼らのやっていることは、同時に他でもないわれわれが日頃行なっていることでもあるのだ。こうして、われわれは社会に責任がある。

社会の精神的な仕組みはその組織的側面よりはるかに重要である。それは、欲望、嫉妬、獲得欲、競争、野心、恐怖といったもののうえに成り立っている。この人間のやむことのない欲求は、財産についての安心、人間や思想との関係における安心、といった自分と関わることすべてにおける安心立命を求める。これが、人が築いた社会の仕組みである。そして、社会は各人に対し、この仕組みを心理的に押しつける。欲望、嫉妬、野心、競争といったものは、すべてエネルギーの浪費である。なぜなら、その中には絶えざる争いがあり、その争いは嫉妬深い人のように、終わることなく続くからである。

嫉妬とは、ひとつの観念である。この観念と、嫉妬という事実はまったく別のものである。

どうか、聞いて欲しい。あなたは「嫉妬」と称する感情に観念を通して近づく。しかし、その感情に直接には接触しない。嫉妬に対し、かつて嫉妬として心に刻んだ言葉の記憶を経由して接近する。その記憶はひとつの観念となり、その観念が、あなたが嫉妬と呼ぶ感情と直接に接触することを妨げる。これが事実である。このように、この形式、観念は、あなたをその感情と直接に交わらせないようにする。こうして観念はエネルギーを浪費させるのである。

われわれは、惨めさ、貧困、戦争、平和の完全な欠如、などに対し責任があるので、宗教的人間は神を求めたりはしない。宗教的人間は、彼自身でもある社会の変革に関心をもっている。彼は、無数の祭礼を実施し、伝統に縛られ、死滅した過去の文化の中に住み、『バガヴァッド・ギーター』や『聖書』を絶えず人々に説教し、はてしなく祈りを唱え、祈願するような人間ではない。そんなことをするのは宗教的人間ではない。つまり、そのような人間は事実から逃避しているのだ。

宗教的人間は、彼自身でもある社会を理解するために、全身で取り組んでいる。彼は社会から離れてはいない。彼自身が完璧に全面的変容を実現するということは、みずからの貪欲、羨望、野心といったものを完全にやめることを意味する。彼が口にする食物、読む本、観る映画、宗教的教義、信仰、儀礼、その他、彼はこれらの環境の結果として存在しているわけだが、しかし環境に左右されることはない。彼には責任がある。宗教的人間は、自分自身が創出した社会の産物でもあるみずからについて知らなければならない。つまり、真実在を見出すためには、それが手で作られていようが心によって作られていようが寺院や偶像の中においてではなく、ここ、いまいるこの場所で自己反省を始めなければならない。そうでなければ、どうしてまったく新しいもの、新しい世界を発見することができるだろうか？

ところで平和とは、単なる法や主権の拡張ではない。それとはまったく異なるものである。外的環境の変革は必要ではあるが、平和とは外的な環境の変革によっては獲得できない精神内部の状態のことである。平和はまず現在とは異なる世界を実現することから始めなければならない。異なる世界の実現には、膨大なエネルギーが必要であるが、そのエネルギーは絶え間ない争いの中で浪費されている。したがって、まずわれわれは、この争いについて理解しなければならないのだ。

争いの第一の原因は、逃避、すなわち観念による逃避である。どうか自分自身のことを反省してみて欲しい。たとえば、嫉妬や羨望などに正面から向かい合い、それと直接接触する代わりに、あなたは「どうしてこれを克服しようか？」「何をしたらいいだろう？」「嫉妬しなくなるにはどんな手だてがあるだろうか？」などと言う。これはすべて観念であって、したがって、自分自身が嫉妬深いという事実からの逃避、その事実からの遁走である。観念を経由することでこの事実から逃避することは、エネルギーを無駄に使うだけでなく、事実との直接の接触も妨げられる。したがって、観念を経ないで、ありったけの注意を注がなければならない。

観念は、すでに指摘したように、注意を妨げるものである。たとえば、この嫉妬という感情について観察し、気づいたときに、観念を伴わず、完全な注意を向けるならば、その感情とじかに接していることがわかるだろう。そればかりか、観念を通さずにすべての注意を注いでいるがゆえに、その嫉妬心が消えていることにも気づくだろう。そのとき人は、次の出来事、次の感情と出会うための強いエネルギーを手に入れることになる。

さて、完全な変革を見出し、成し遂げるためには、エネルギーをもたなければならない。そのエネルギーは抑圧を通して得られるものではなく、さまざまな考えや抑圧から逃げなかったために生まれるエネルギーである。

実際、それについて考えてみると、われわれは人生に立ち向かうのにたった二つの方法しか知らない。ひとつは人生からすっかり逃げることであり、それはやがてノイローゼに至る愚行の一種である。もうひとつは、理解ということができないために、あらゆるものを抑え込んでしまう。そのどちらかである。これがわれわれの知っているすべてである。

抑圧とは、感情や感覚を抑えつけることだけではなく、知的な解説や合理化の一形式でもある。自分自身を観察したら、ここで話されていることがいかに事実に違わぬものであるかに気づくだろう。したがって、逃げ出さないことが大切である。発見すること、けっして逃げないことがいちばん大事なことである。発見する、気づくことが最も難しい。なぜなら、われわれは、言葉を介することでそれから逃げるからである。われわれは寺院やその他のいろいろなところに逃げ込むだけでなく、言葉、知的議論、意見、判断などを経由させることによっても人生の事実から逃避している。このようにわれわれは、人生の事実から逃れる方法をいくらでも知っている。

たとえば、ある人が愚鈍だとしよう。もし、その人が愚鈍であれば、それはひとつの事実である。そして、あなたが自分は愚鈍だと気づいた場合、それから逃れるには、賢くなろうとすることである。しかし、感受性を鋭くするには、まず愚鈍であるという心の状態へ自己の全神経を集中しなければならない。

したがって、われわれにはエネルギーが必要なのである。しかも、そのエネルギーは、対立や緊張によってできたものではなく、まったく努力することなくして生まれたエネルギーでなければならない。次のきわめて単純で具体的なひとつの事実について理解して欲しい。すなわち、われわれは、努力することでエネルギーを浪費しており、その努力によるエネルギーの浪費が事実との直接の接触を妨げている。たとえば、あなたの話を聞こうと大変な努力をしている場合には、わたしのすべてのエネルギーはそのために使われてしまい、実際には話を聞いていないのである。あるいは、怒ったり苛々している場合、「怒っては駄目だ」と言おうとして全エネルギーを使ってしまっている。しかし、言葉、非難、判断などによって逃避せず、怒りそのもの、あるいは心の状態に、完全に注意を集中すれば、その中で怒りと呼ばれるものから自由になることができる。

したがって、エネルギーの総和である注意力は、努力によるものではない。それは、努力を要求しない精神であり、宗教的精神である。それゆえに、そのような精神だけが、神がいるかいないかを発見できる。

ところで、ここにまた別の要因がある。それは、われわれ人間は物事を模倣する存在だということである。そこにはオリジナルなものは何ひとつ存在しない。われわれは、時間、数千数万の昨日というものの結果からできている。子供のときから、模倣し、服従し、伝統をコピーし、聖典や権威に従うように育てられてきた。また、われわれが当然従うべき法律の権威については話題にしないが、聖典の権威、霊的な権威、形式、信条に関しては話題にする。われわれ人間は、服従し模倣する。

模倣するということは、あるひとつの形式、たとえそれが社会に強制されたものでも、あるいは自分自身の経験によるものでも、その形式に心の中で同化することである。そして、そのような順応、模倣、服従はエネルギーの透明性を破壊する。権威を模倣したり、それに順応し、服従したりするのは、怯えているからである。一方、理解し、はっきりと見、深く目覚めている人は怖れない。それゆえ、模倣する理由がない。彼が何者であろうも、あらゆる瞬間において、彼は彼自身である。

したがって、宗教形式への模倣、順応、あるいは宗教形式でなくとも自分自身の経験への順応といったものは、依然として恐怖の産物である。神であれ、社会であれ、自分自身に対してであれ、何かに怯える人は宗教的人間ではない。怖れがなくなったとき、人は初めて自由になる。したがってわれわれは、恐怖についての観念を通じて向き合うのではなく、じかに恐怖に向き合わなければならない。

汚れのない、堕落していない、活力に満ちたエネルギーが生まれるのは、あなたが何かを拒否した場合のみである。あなたが気づいているかどうかは知らないが、反応としてではなく、何かを拒否したとき、その拒否によってエネルギーが生まれているのである。たとえば、功名心を拒否した場合のことを考えてみたい。霊的でありたい、美しく生きたい、神か何かを求めたいといった理由からではなく、功名心が引き起こす争いのきわめて破壊的な性質に気づいたために、功名心そのものを拒否した場合、その拒否はまさしくエネルギーである。

あなたがこれまで何かを拒否したことがあるかどうかは、わたしは知らない。特別な快楽、たとえばタバコを吸うという楽しみを拒否した場合のことを考えてみたい。肺に悪いと医師が言ったから、毎日たくさんのタバコを吸うだけの金がなくなったから、中毒にはまっているから、といった理由からでなく、喫煙は無意味であるとわかったために、抵抗なしにそれを拒否したとすれば、まさにその拒否がエネルギーをもたらすだろう。同様に社会を拒否したとき、つまり遊行者や僧、いわゆる宗教家と言われる人々のように社会から逃避するのではなく、社会の心理的仕組みをまるごと拒否するならば、それによりあなたは膨大なエネルギーを得るだろう。拒否という行為そのものがエネルギーなのである。

いまやあなたは、エネルギーを消耗させる争いや努力といったものの本質について、自分で確かめ、あるいは理解し、それに耳を傾けてきた。さらに争いの産物としてではなく、逃避、抑圧、闘争、模倣、恐怖といったものすべてのつながりについて心が了解することで獲得するエネルギーの感覚を、言葉のうえだけでなく、具体的に認識しあるいは自覚したであろう。そこで初めて先へ進むことができ、逃避でもこの世界での責任を逃れるためでもない、真実のものの発見に取りかかることができる。

あなたが真実なるもの、善なるもの――善というものが存在すればだが――を発見するのは、信仰によってではない。おのれの財産、人々、観念などとの関係を変革することによってそれが実現し、その結果、社会から自由になったときのみ、発見できるのである。そうしてのみ、逃避や抑圧によってではなく、真実を発見するエネルギーを手にすることができる。

もしそれに成功したら、伝統によるのであれ、理解したがゆえにであれ、それにともなう規律や厳格さというものの本質がわかりはじめるに違いない。不愉快なものでもなく、型にはまるのでもなく、楽しい習慣の単なる真似ごとでもない、厳格さや規律の自然な流れが存在する。そしてそれを実行すれば、そこに感受性の最高形態である知性があることに気づくであろう。この感受性なしには、美しさを理解することはできない。

宗教的精神は、この感受性と美に対する並はずれた感覚に気づかなければならない。われわれがいま話題にしている宗教的精神は、ありきたりの宗教心とはまったく異なっている。なぜなら、ありきたりの宗教心には美しさが欠けているからである。つまりその宗教心は、われわれの住む世界、その世界の美しさ、地球の美しさ、丘や木の美しさ、笑みを含む素敵な顔の美しさなどについてまったく気づいていない。ありきたりの宗教心にとって美しさは誘惑であり、美しさは女性である。それは神を見出すためにはいかなる犠牲を払っても避けなければならないものである。

このような精神は宗教的精神とは言えない。なぜなら、美しく同時に醜いこの世界について敏感ではないからである。あなたは、美しさについてだけではなく、醜さ、汚さ、混乱した人間の精神についても同様に敏感でなければならない。感受性とは特定のひとつの方向にではなく、周りのすべてのものに対しての感受性を意味する。したがって、もともとこのような美しさに気づかないような精神は、さらに先には進むことができない。宗教的精神にはこの種の感受性が必要である。

また、そのような心、宗教的精神は、死の本質を理解する。なぜなら、死を理解せずには、愛はわからないからである。死は人生の終わりではない。死とは、病気、老衰、寿命、事故などによってもたらされるものではない。死とは、あなたが日々それとともに暮らしているものである。つまりあなたは、あらゆる既知のものへ向かって毎日死につつあるのだ。もし、死を知らないならば、愛の何たるかもけっしてわからないだろう。

愛は記憶ではない。愛はシンボルでも絵画でも観念でもない。また、愛とは社会的行為ではない。愛は有徳でもない。しかし、もし愛があれば、あなたは有徳であり、有徳であろうと努力する必要はない。しかし、人は経験に対して、快楽に対して、あるいは自分では気づかない隠れた特別の記憶に対して、死ぬということがどういうことかをけっして理解しないので、そこには愛がない。もし、そのすべてを明らかにし、家族、記憶、快楽に対してみずからの意志で、容易に努力なしに毎瞬死ぬことができるならば、そのとき、愛の何たるかを知るだろう。

美しさを知ることなく、死の感覚もなく、愛もなければ、けっして真実在と出会うことはできない。たとえ、何をしようとも、あらゆる寺院へ参ろうとも、見識のない者たちが担ぎあげたすべての導師たちに従ったとしても、そのような方法ではけっして真実在を発見することはない。真実在とは創造である。

創造とは、子供を作る、絵を描く、あるいは詩を作る、おいしい料理を作る、というようなことではない。そういったものは創造ではなく、単に特殊な才能や天分、あるいは特別な技術を学習した結果である。発明も創造ではない。創造は時間に対して死んでいるとき、すなわち明日という日がなくなったときにのみ起こり得る。心の内にも外にもまったく動きがないとき、完全にエネルギーが集中したときにのみ、創造は起こることができる。

話を聞いて欲しい。あなたが理解するかどうかは問題ではない。人生は無数の絶望と不幸に満ちており、きわめてくだらなく、惨めなものだ。人類は二〇〇万年このかた生きてきたが、そこには目新しいものは何ひとつない。日々行なっていることは、同じことの繰り返しであり、退屈でまったく何の役にも立たない。新しい精神、清浄かつ新鮮な感覚といったものをもたらすためには、これまで述べた感受性、死と生に対する感性とあの創造がなければならない。その創造はいかなる方向にも動かない完全なエネルギーが存在するときに実現する。

さて、ある問題に直面したとき、心はいつも出口を探そうとする。解決、克服、迂回、あるいは乗り越えられないかと試みたり、その問題を抱えたまま何かをして、問題に向き合ったり離れたりしている。もし、心がどちらの方向にも動かず、内部にも外部にもまったく動きが見られないとき、しかも問題だけが存在するときには、当の問題は弾けてしまうだろう。あなたはいつかそれを実行し、わたしが言っていることの実情を目にするだろう。それを信じる必要はないし、議論しても議論しなくてもかまわない。ここには権威は存在しない。

努力しない結果として得られたこのエネルギーの集中があって、どの方向にも動かず静止しているとき、その瞬間に創造が起こる。その創造こそが真理であり、神である。あるいはどう呼んでもいいが、言葉はそこでは意味をもたない。その爆発、その創造は、平和である。あなたは平和を探す必要はない。創造は美であり、創造は愛である。

この混乱し悲しみに満ちた世界に秩序をもたらすことができるのは、このような宗教的精神だけである。そして、この世界に生きている間にそのような創造的生活を実現するのは、他の誰でもない、あなたの責任である。そのような精神だけが、宗教的精神であり、祝福された精神である。

バンガロールにて　一九四八年七月四日

質問者——人は神を知ることができる以前に、神とはどんなものか知らなければならない。あなたは、神を人間のレベルにまで引き下げることなしに、どのようにして神についての考えを人にわからせるつもりなのか?

クリシュナムルティ

無理だ、いいですか、神の探究の背後にあって人々をそう仕向けているものは何であるか、その探究は本物だろうか?　ほとんどの人間にとって、神の探究は現実からの逃避である。したがって、われわれが神を求めているのは、逃避なのか、それともわれわれの関係、物事の価値、もろもろの考え、そういったすべてのものにおける真実の追究であるのかを、自分自身にしっかりと明確にしなければならない。

もし、この世に疲れたから、この世が悲惨だから、という単にそれだけの理由で神を求めているとすれば、それは逃避である。それゆえわれわれは神を創造するが、それは真実の神ではない。寺院にいる神、書物の中の神は真の神ではない。それは明らかにみごとな逃避である。

しかし、もしある限られた行為の中にではなく、われわれのすべての行為、考え、関係において真実を見出そうとするなら、また衣食住の適切な評価を求めようとするなら、それによって心は物事を明らかにし、理解することができるので、真実在を追究したなら、それを発見できるだろう。それはもはや逃避ではない。しかし、もしこの世の事物、衣食住、関係、考えなどの評価を見誤った場合には、どうして真実在を発見できるだろう？　われわれは、「真実在」をでっちあげるだけだ。

したがって、混乱し、条件づけられ、制限された心に、神や真理、あるいは真実在を知ることはできない。そんな心がどうして真実在や神に思いをいたすことができようか？　そのような心は、まず最初に、条件づけを取り除かなければならない。それ自身の制約から自由になるべきで、そうして初めて、神がどんなものであるかを知ることができる。明らかに、それ以前に知ることはできない。真実在は未知であり、知られたものは、真実ではない。

真実在を知ろうと願うなら、自分自身の心の条件づけから自由にならなければならない。その条件づけは外側からも内側からも加えられている。そして心が人間関係において闘争や衝突を生み出しているようでは、真実在を知ることはできない。したがって真実在を知りたいなら、心は静止していなければならない。しかし、もし静止するように強いられたり、訓練されるのであれば、その静止には限界があり、それは単なる自己催眠である。

心は、それを取り囲んでいるものの価値がわかった場合にだけ、自由かつ静かになることができる。また、至高の、最上の、真なるものを理解するためには、われわれは低級で身近なものから始めなければならない。つまり、日々かかりきりになっている物事、関係、考えなどの価値を発見しなければならない。それがわからずに心はどうして真実在を探すことができよう?

人間の心は「真実在」を発明することも、それをコピーすることも、模倣することもできる。なぜなら、心は多くの書物を読んでおり、他者の経験をなぞることもできるからである。しかし、絶対にそれは真実なものではない。真実を経験するためには、心は創造活動をやめなければならない。なぜなら、心が作り出すものはすべて、依然として時間の束縛の中に存在するからである。

ところで問題は、神がいるかどうかではなく、いかにして人は神を見出すかである。その探究において、すべてのものから離脱するならば、その人は必然的に真実在を見出すだろう。しかし、彼ははるか遠くのことからではなく、身近なことから始めるべきである。遠くへ行くには、近くから出発しなければならないことは明らかだ。われわれのほとんどは確かな根拠もなしに推測したがるが、それはきわめて都合のよい逃避である。それが、宗教が多くの人々にあのようなすばらしい妙薬を提供する理由である。

心が作り上げたすべての価値から離脱する作業はきわめて困難なものであり、また、われわれは飽きっぽく、あるいはなまけ者だから、宗教書を読んだり、神について勝手な思索をめぐらせるほうを好む。しかし、それは真実在の発見ではない。気づきとは経験することであり、模倣することではない。

質問者——心と考える人とは別なのか？

クリシュナムルティ

思索者と彼の思考とは別ものだろうか？　思索者は思考なしに存在するのか？　思考から離れて思索者がいるだろうか？　考えることをやめた場合、思索者はどこにいるのか？　ある思考の思索者と、別の思考の思索者とは、互いに異なるのか？　思索者は自分の思考から離れて存在するのか、あるいは、思考が思索者を作るのか？　思索者は、思考とうまく合うと思えばそれを自分と同一視し、合わなければ別ものだと見なすのだろうか？　すなわち、「われ」つまり思索者とは何なのか？

明らかに、思索者は「われ」と同一視されるようなさまざまな思考からできている。したがって、思考が思索者を作るのであって、その反対ではない。もし、わたしが思考しなければ、そこには思索者は存在しない。思索者はそのときそのときに違った存在であるのではなく、もし、そこに思考がなければ、思索者は存在しない。思考が思索者を作るように、行為が行為者を作るのである。行為者が行為を作り出すのではない。

質問者――わたしの経験では、「われ」の協力がなければ、知覚ということはあり得ないのだが、どうだろうか？

クリシュナムルティ

われわれは、純粋な知覚については語ることができない。知覚というものはつねに知覚者と関わっており、それはひとつの共同現象である。知覚について話すと、すぐに知覚者が入り込んでくる。知覚作用に関して語ることは、われわれの経験には手に負えないことだ。われわれには、純粋に知覚だけを行なうといった経験が一度もない。たとえば、知覚者が自分自身を知覚していないとき、彼は深い眠りに入るだろう。しかし、深い眠りの中では、知覚作用も知覚者も存在しない。もし知覚者が他の知覚対象をもたず、自己のみを知覚している状態というものを経験したことがあれば、その場合のみ知覚者について語る資格がある。しかし、そのような状況を知らないかぎり、われわれに知覚から離れた知覚者について語る権利はない。

したがって、知覚者と知覚作用というのは共同現象であり、それは同じメダルの両面である。両者は別々のものではなく、別々の存在ではない両者を分離する権利はわれわれにはない。われわれは、そこに正当な根拠がないにもかかわらず、知覚から知覚者を分離しようとする。われわれは、知覚なしの知覚者、知覚者なしの知覚というものを知らないのである。したがって唯一の正しい結論は、知覚と知覚者は、また「わたし」と意志は、同じメダルの両面であるということだ。それは、知覚でも知覚者でもない、同じ現象の二つの面である。しかし、それについての厳密な検証には周到な注意が必要である。

質問者――それで、問題はどうなるのだろうか？

クリシュナムルティ

この問いは、神の探究についての疑問から発生した。明らかにわれわれのほとんどは、真実在の体験について知りたいと願っている。経験する人が経験することをやめたときにのみ、真実在を知ることができるのは確かだ。なぜなら、経験者は経験を創作しつづけているからである。もし、経験者が経験を作っているなら、彼はやがて神も創作するだろうし、したがってその神は真の神ではないだろう。経験者は経験をやめ得るだろうか？　それがこの問いの中核である。もし経験する人と経験が共同の現象であるならば――それははっきりしていることだが――その際には、経験者、行為者、思索者は考えることをやめなければならないことになる。それは明らかではないだろうか？　だが、思索者は考えることをやめられるだろうか？　彼が考えるとき、彼は創作しており、そして彼が創作したものは真実ではないからである。

したがって、真実在、神あるいはあなたの望むものが存在するか否かを発見するためには、思考過程は終わらなければならない。それは思索者が活動をやめなければならないことを意味する。考える人が思考によって作られているかどうかという問題は、さしあたり関係ないことだ。

要するに、思索者も含めた全思考過程が終わりを告げなければならない。われわれが真実在を発見するのは、そのような機会だけである。何よりも先に、思考作用を終わらせるには、どうするべきで、誰がそれを実行すべきだろうか？　もし思索者がそれを行なえば、彼は依然として思考の産物である。思考を終わらせようとしている思索者は、しかし、依然として思考の連続の中にいる。では、考える人は何をなすべきだろうか？　彼の側のいかなる努力も、依然として思考過程の中にある。わたしの言うことをわかってもらえただろうか。

質問者——なぜわれわれは、知覚から知覚者を、記憶作用から記憶する人を分離しようとするのか？　これがこの問題の原因ではないのか？

クリシュナムルティ

われわれは両者を分ける。なぜなら、記憶する人、経験する人、考える人は、分離することで永続することになるからだ。たとえば、記憶は明らかに束の間のもの、したがって、記憶する人、経験する人、心は、永続を願ってそれ自身を分離するのである。このように努力し、奮闘し、選択し、鍛えられている心は、けっして真実を発見することはできない。なぜなら、すでに話したように、その努力によって心は自分自身を投影し、思索者を支えるからである。では、この思索者を彼の思考から自由に解放するにはどうしたらいいだろうか？　これこそが、われわれが現在議論している問題である。

思索者が考えることは何であれ、それは過去の結果に違いない。したがって、彼は記憶に基づいて神や真実在を創作することになり、それは明らかに真実ではない。言葉を換えると、心はつねに既知から既知へ移動している。心が動けるのは既知の世界の中だけで、その領域にいるかぎり、心は未知のものを知ることはけっしてできない。そこでわれわれの問題は、いかにして心を既知の世界から解放するかである。そのためには、いかなる努力も有害である。なぜなら、努力は依然として既知に関わっているからである。したがって、あらゆる努力をやめなければならない。あなたは、努力なしでいようと試したことがあるだろうか？

もしわたしが、あらゆる努力は無駄であり、それが心の、「わたし」の、思索者のさらなる投影であることを理解したならば、もしそのことの真実を悟ったならば、何が起こるだろうか。もしわたしがビンに「毒」というラベルが貼ってあるのをはっきりと目にしたら、わたしはそれをただ放っておく。ビンに気をひかれないようにと努力することはない。同様に――ここがもっとも難しいところだが――わたしの側のいかなる努力も無駄であると納得したならば、つまり事の真相を見たならば、そのとき、わたしは努力から自由になるだろう。

われわれのいかなる努力も無駄であるが、しかし、われわれは結果を望み、達成を求めるので、そのことに確信がもてない。ここがわれわれの難点なのである。それゆえに、われわれはどこまでもどこまでも頑張りつづける。しかし、神や真理は、結果や報酬や目的ではない。たしかに、それはわれわれに訪れるに違いないが、われわれの方から出向くことは不可能である。もしそれに向かって行こうと努力すれば、それは結果や達成を求めることである。

真理に訪れてもらうには、受身になって集中していなければならない。受身の集中とは、何の努力もしない状態である。それは、ある種の至高の感覚においてのことではなく、あらゆる面において判断や選択なしに集中していることである。それは選択や非難、同一視や否定をすることなく、自分の行為、思考、相手に対する反応について気づいていることである。その結果、心は判断することなしにすべての思考、すべての行為を理解しはじめる。それによって、考えることなしに理解することが可能か否かという問いが生まれてくる。

質問者――たしかに、もし何かについて無関心であるならば……。

クリシュナムルティ

無関心であることも判断のひとつである。鈍い心、無頓着な心は気づくことはない。判断することなく見ること、そこで起こっていることを正確に知ることが、気づきである。したがって、いまこの瞬間において、気づくことなくして神や真実を探そうとしても無駄である。それなら、まだしも寺に駆け込んだほうが楽だろう。しかし、それは頭でものを考えるだけの世界へ逃げ込むことである。真実在を理解するには、それを直接知らねばならない。しかし、真実在が時空の中には存在しないことははっきりしている。それは現在に存在し、その現在とは、われわれ自身の考えと行為である。

ボンベイにて　一九四八年二月八日

質問者――人を愛することなくして、真理を愛することが可能だろうか？　あるいは逆に、真理を愛することなく、人を愛することができるだろうか？　どちらが大切か？

クリシュナムルティ

たしかに、愛が最重要だ。なぜなら、真理を愛するには、真理について知らなければならない。そして、真理を知ることは、真理を否定することである。すでに知られていることは真理ではない。なぜなら、知られたということはすでに時間の中におかれており、もう真理ではなくなってしまっているからである。真理は絶えず動いており、したがって、時間で捕らえることも、言葉で表現することも不可能である。それは手でつかむこともできない。したがって真理を愛することは、真理を知ることである――人は知らないものを愛することはできないのだから。しかし真理は、書物、偶像、寺院などの中にはない。それは行為、生きること、考えることの中に見出すことができる。だから、愛が最重要であることは明らかである。未知のものを探すことこそが愛そのものであり、人は他者とのつながりなしでは、未知のものを探究することはできない。ひとり孤独に引きこもっていては、真実在、神あるいはあなたの望むものを探すことはできない。関係の中においてのみ、人が人と関わっているときだけ、未知のものを見出すことができる。したがって、人を愛することがすなわち真実在を探究することである。

人を愛せず、また人間性を愛することなくして、真理の探究などあり得ない。なぜなら、わたしがあなたを知ったとき、少なくとも知ろうという関係にあるとき、そこで初めて、わたしは自分自身をわかりはじめるからである。関係とは鏡である。そこでは自分自身を、それもけっして「より立派な」自分ではなく、短所も長所もひっくるめたまるごとの自分、わたしというもののすべてを発見するのである。

ところで、「高等な」自己も、「下等な」自己も、ともに依然として心の領域の中にある。したがって、その心、思考者を理解することなくして、どうして思考を超えて真理を発見することができよう。あなたとわたしというまさにこの関係こそが、真理の探究である。なぜなら、関係においてのみ、わたしは自分自身と接触するからだ。したがって、関係において自己を理解することが、たしかに生きることの始まりである。このような関係にあるあなたを愛する方法を知らなければ、どうして真理の探究ができるだろうか？　そして、真理を愛することができるだろうか？

あなたがいなければ、わたしはわたしではなくなるのではないか？　あなたから離れては、わたしは存在することができない。わたしはひとり孤立して存在することはできない。したがって、われわれの関係において、わたしとあなたの関係において、わたしは自己を理解しはじめている。そして、自己の理解は智慧の始まりである。そうではないだろうか？　したがって、真理の探究は、関係における愛の始まりである。何かを愛するには、それについて知らなければならない。それを理解しなければならない。そうではないのか？

あなたを愛するためには、あなたをよく知らなければならない。よく調べ、発見しなければならないし、あなたの気持ちや気分の変化に敏感でなければならない。そして、自分の野心、追求、欲望だけに閉じ込もっていてはならない。あなたを知るにつれ、わたしは自分自身を発見しはじめている。あなたがいなければ、わたしは存在できない。そして、あなたとの関係を理解できなければ、そこにどうして愛があり得ようか？

愛がなければ確実にそこに探究はない。あるだろうか？　人は真実を愛さなければならない、と言ってはならない。なぜなら、真実を愛するには、真実を知っていなければならないからだ。あなたは真実を知っているか？　真実在がどんなものか知っているか？　何かを知った瞬間に、それは終了している。そうではないか？　それはすでに時間の領域に移っており、したがって真実ではなくなっている。

われわれの問題は次のようなものである。冷淡で空虚な心がどうしたら真理を知ることができるだろうか。それは不可能である。真理とは、何か遠くにあるようなものではない。きわめて近くにあるが、われわれはそれを探す方法を知らない。真理を探すには、自分と他者との関係だけでなく、自然や思考との関係も理解しなければならない。わたしは、地球との関係、観念作用との関係、同時にあなたとの関係を理解しなければならない。そしてそれを理解するためには、たしかにそこに開放性が存在しなければならない。

もしあなたを理解したいと願うならば、わたしはあなたに対して開かれ、受容的でなければならない。また、何事も隠しだてしてはならないし、孤立してはならない。理解することの中に真理があり、理解するためには愛がなければならない。愛なしでは、理解は不可能だからである。したがって、人か真理かではなく、愛が最重要である。関係を理解することの中にだけ、愛が生まれる。つまり、人が関係に対して心を開いていれば、真理に対しても開いている。真理を招くことはできない。真理のほうがあなたを訪れるに違いない。真理を探し求めることは、真理を否定することである。あなたが開いているとき、完全に障壁を取り去ったとき、思索者がもはや考えること、創作すること、でっちあげることをやめたとき、そして心が非常に静まり、言葉や暗誦によって強制されたり、麻痺させられたり、惑わされていないとき、そんなときに、真理はあなたを訪れる。真理は必ず訪れる。

思索者が真理を追い求めるのは、単に自分の利益を求めているにすぎない。したがって、真理は彼を回避してしまう。思索者は、関係の中だけにいる。そして、理解のためには、愛がなければならない。愛を欠いたら真理の追求はあり得ない。

◆

質問者――あなたはけっして神については語らないが、あなたの教えの中には、神は存在しないのか?

クリシュナムルティ　あなた方は神についてはえらく饒舌だ。そうではないだろうか? 本を開けば、神のことばかりだ。あなた方は、教会や寺院を建立し、神に犠牲を捧げ、さまざまな祭りを行ない、いろいろな儀式を実施する。あなた方は、神についてはあふれるほどたくさんの考えをもっている。そうではないだろうか? また、祈りの言葉を繰り返し称えるが、実際にやっていることはおよそ敬虔とは言えない。そうではないか? また、神と呼んでいるものを崇拝はするが、自分の生きざま、考え、存在そのものはまったく敬虔とは言えない。その通りではないか?

神という言葉を繰り返しながら、他者を食い物にしているのではないのか? そうではないと言えるだろうか? あなた方は自分の神、たとえばヒンドゥー教、イスラム教、キリスト教、その他個々の宗教の神を信じている。そして寺院を建立し、金持ちになればなるほど、ますますたくさんの寺院を建てる(笑い)。笑ってはならない。あなた方自身もこれと同じことをしているのだ。ただ、金持ちになろうとまだ頑張っているにすぎない、それだけのことだ。

そういうわけで、あなた方は神について、少なくとも「神」という言葉に関しては、ずいぶんなじんでいる。しかし、言葉は神ではない。言葉はそれが指すものではない。この点についてははっきりさせておきたい。すなわち、「神」という言葉は神ではない。あなたは「神」、あるいはその他の言葉を使うかもしれない。しかし、神はあなたが使っている言葉ではない。『神』という言葉を使うからといって、あなたが神を知っていることを意味するわけではない。ただ単に、「神」という言葉を知っているだけである。

あなた方が「神」という言葉を知っている、という単にそれだけの理由で、わたしは「神」という言葉を使用しないのである。あなたが知っていることは真実ではない。そのうえ、真実在を発見するには、心の中で言葉をつぶやくことをやめなければならない。そうではないだろうか？　あなた方は、神のイメージを抱くかもしれないが、そのイメージは絶対に神ではないのである。

では、どうしたら神を知ることができるだろうか？　イメージや寺院の中にそれを求めても駄目なことははっきりしている。神、未知なるものに出会うには、心も未知の状態でなければならない。もし神を追い求めるならば、その場合あなたはすでに神を知っている、結末を知っているのである。あなたは、自分が追い求めているものをすでに知っているのである。そうではないか？　もし、あなたが神を探すならば、あなたは神がどういうものかを知っていなければならない。そうでなければ、神を探すことはないだろうから。そうではないか？

本に従ったり自分の感情に従ったりして、あなたは神を求めるが、その感情は単に記憶の反応にすぎないのである。したがって、あなたが探しているものは、記憶や言い伝えによってすでに作り上げられているものであり、こうして作られたものは永遠に続くことはありえず、それは結局心の産物である。

もし、書物がなく、導師もおらず、称える文句もなかったとすれば、あなたはただ悲しみと幸せを知るだけだったろう。そうではないか？　絶えざる悲しみと惨めさ、それにきわめて稀な幸福の瞬間。そしてあなたは、なぜ人は苦しむのかそのわけを知りたいと願っただろう。だが神へ逃げ込むことはできなかった。しかし、たぶん他のところへ逃避しただろうし、ほどなく逃避場所としての神を考えついただろう。

新しく生まれ変わった者、新生人として、逃避することなく、問いただすことで、人生の苦難の全過程について本当に理解しようと望むなら、そのとき悲しみから解放され、真実在そのもの、神とされるものと出会うだろう。しかし、悲しみに囚われている者は、神または真実在を見出すことはできない。悲しみがやみ、幸せなときにのみ——相対的な幸せではなく、悲しみの裏返しとしての幸せではなく、反対するものの何もない状態において——真実在と出会うことができる。

心の創作物ではない未知なるものは、心がどうこうできるものではない。未知なるものについては、それを考えることすらできない。未知なるものについて考えた瞬間、それはすでに既知なるものに変化している。そう、あなたは未知のものについて考えることは不可能である。そうではないか？　あなたは、既知なるものについてのみ考えることができる。思考は、既知なるものから既知なるものへと移動する。そして、既知なるものは真実在ではない。そうではないか？

したがって、あなたが考えたり瞑想したりするとき、床に坐して神について考えるとき、あなたは単に、知られたものについて考えているのである。知られたものは時間の領域に存在するものであり、それは時間の網の目に捕らえられており、したがって真実ではない。心が時間の網の目から解き放たれたときにのみ、真実在は姿を現わす。

心が創作をやめたとき、初めてそこに創造が起こる。すなわち心は、誘導や催眠の結果にすぎない鎮静ではなく、絶対の静止状態でなければならない。真実在を経験するために心を静めようとすることは、これまた一種の逃避である。あらゆる問題が止滅したときにのみ、心の静けさが訪れる。風がやめば、プールの水面は波立たないように、煽動者、思索者が止滅したとき、心はおのずから静かになる。思索者に考えをやめさせるためには、彼が考えているすべてのことを考え尽くさせなければならない。考えていることに障碍や抵抗を設けてはならない。なぜなら、考えはすべて閲覧されなければならないからだ。

心が静まっているとき、真実在、言語を超えたものが現われる。しかし、あなたはそれを招くことはできない。招くためには、それを知っていなければならないからだ。そして、知られたものは真実ではない。したがって、心は単純でなければならず、また信仰や観念を背負い込んでいてはならない。心が静止しているとき、欲望や憧憬がなく、誘導されたものでない静けさによって心が絶対的に静止しているとき、真実在は現われる。そして、その真理、その真実在こそ、変革をもたらす唯一の力である。それだけが、われわれの存在や日常生活を根本的に、過激に変革してくれる要因となる。

真実在と出会うためには、それを探し求めることではなく、われわれの心を煽動し、心そのものを惑わせる要因を理解することである。そこで、心は単純になり、平静になり、静止する。その静寂の中に、未知なるもの、不可知のものが現われる。そして、それが起きたとき、至福がある。

ボンベイにて　一九五五年二月二七日

われわれは、社会的活動という問題に大いに関心を払うべきだ。貧困、人口過剰、機械文明の過度の発達、産業化、精神の内外における荒廃感など多くの問題に直面し、人は何をすればいいのだろうか？　社会との関係における個人の義務あるいは責任とはいったい何だろうか？　このことは、すべての思慮ある人々にとっての問題に違いない。知的であればあるほど、活動的であればあるほど、人は、ますます何らかの社会的改革に身を投じたくなる。人間にとって真の責任とはいったい何だろうか？　その問いに対しては、われわれが文明と文化の全目的を理解できた暁にのみ、納得のいくような形で、決定的な重要性をもって、その答が明かされる。

要するに、われわれがこの現実の社会を作ったのである。それは、われわれ一人ひとりの関係の結果としてできあがったものだ。この社会は、真実在、神、あるいは何と呼んでもかまわないが、それを見つけようとする際に、充分に手助けしてくれるのだろうか？　あるいは社会とは、ある問題に対するわれわれの反応を決定する単なるひとつの手本なのだろうか？　社会との関わりにおいて、どのような行動をとるべきなのだろうか？　もし現在の文化、文明が、人が神や真理を見出すことを助けないとすれば、それは障碍物である。そして、もし現在の文化が障碍物であれば、社会のためのあらゆる改革、あらゆる改善活動は、それだけが真なる活動をもたらす真実在を発見する際の、さらなる悪影響、二重の障碍である。

これを理解することはきわめて大事である。単にどんな種類の社会改革、社会活動に献身すべきかというだけではない。そんなことはまったく問題ではない。問題は明らかにもっと深刻である。人はある種の活動あるいは社会改革に、きわめて簡単にのめり込む。それは、逃避の一手段であり、活動による忘我、自己犠牲の一方法である。それが、われわれが抱えている多くの問題を解決するとは思えない。

われわれの問題はより深遠であり、われわれには奥深い解答が必要である。その解答は、次のような疑問に到達して初めて答えが得られるだろう。すなわち、現在のわれわれの文化——文化とは宗教や社会的・道徳的枠組み全体を意味する——は、人が真実在を見出すのを助けるのか否かという疑問である。もし答が否であれば、そのような文化または文明の単なる改善は、すべて、時間の無駄である。しかし、もし反対にそれが真の意味で人の役に立つものならば、われわれはすべて、その改善に全身全霊を捧げなければならない。この問題はそこにかかっている。

われわれは文化という言葉で、思想のすべての問題を意味する。そうではないだろうか？われわれの多くにとって、思想とは、特定の文明の枠組みの範囲の中で、その枠組みに従っているさまざまな形の制約、教育、適応、圧力、および影響などの結果としてできたものである。現在では、われわれの思想は社会によって形づくられており、もしわれわれの考え方に革命が起きないならば、文化や社会の単なる表層だけの改良をしても気晴らしにすぎず、それは最終的にはより大きな不幸をもたらすもとである。

結局、われわれが文明と呼んでいるものは、ヒンドゥー教、キリスト教や共産主義などといった鋳型に入れられた思想を、人々に教育するひとつのプロセスである。そのようにして教育された思想に、根本的な革命がはたして可能だろうか？　このような思想的圧迫や鋳型へのはめこみが、真実なるものの発見、あるいは理解をもたらすだろうか？　たしかに、思想はすべての圧迫から自由でなければならない。それは、社会から、またはあらゆる形の影響から、真に自由であることを意味する。その結果として、真実なるものを発見できるのである。そして、その真実こそが、それまでとはまったく異なる文化を実現するような独自の行動をとるのである。

ところで社会というものは、真実在を明らかにするために存在しているのだろうか。それとも、真実在を見出すためには、人は社会から自由でなければならないのだろうか？　もし社会が真実在を発見するのを助けるならば、社会におけるあらゆる種類の改革は欠くことができない。しかし、もし社会が真実在の発見の障碍であるならば、個人は社会から逃れ出て、真理を探してはいけないだろうか？　真に宗教的であるのはそのような人だけであり、いろいろな祭式を執り行なったり、神学的なモデルを通して人生に向かおうとするような人ではない。もし、社会から開放され、真実在を求めるならば、まさにその探究過程において、その人はこれまでとは異なる文化を実現しないだろうか？

このテーマは重要である。というのは、われわれのほとんどは社会改革のほうに関心を寄せるだけだからである。貧困、人口過剰、あらゆる形の崩壊、分裂、争いといったものを目のあたりにし、そのすべてを見ていながら、人は何をするべきだろうか？　ある特定のグループに参加するか、あるいは何かのイデオロギーのために活動することから始めるべきだろうか？それが宗教的人間の果たすべきことだろうか？

宗教的人間は、真実在を求める者に他ならず、『バガヴァッド・ギーター』を読んだり引用したりする者でも、また毎日欠かさず寺院にお参りするような者でもない。そんなことは明らかに宗教ではない。それは単なる社会による思想的強制、条件づけにすぎない。真摯な人、ただちに革命が必要だと考え、その実現を望んでいる人は、いったい何をなすべきだろうか？　社会の枠組み内での改革を行なうべきだろうか？

この社会は、いわばひとつの刑務所である。彼は刑務所の塀の中で、鉄格子を飾ったり、さまざまなことがてきぱきと行なわれるようにしたりして、刑務所を改善すべきだろうか？　きわめて真摯な人、真に宗教的な人は、必ずや革命的である。真実在を求め、神あるいは真理を発見しようとしているような人は、彼をおいて他にはいない。

では、そのような人の行動はどうあるべきだろうか？　彼は何をすべきか？　この現実社会において努力すべきだろうか、あるいは、社会から離脱し、まったく関わらないようにすべきだろうか？　社会から離脱するといっても、世を捨てた遊行者や隠遁者になったり、あるいは怪しげな催眠的暗示によって孤立するというような意味ではない。とはいえ、社会の改革者ではいられないだろう。なぜなら、真摯な人が単なる社会の改造に没頭することは、エネルギー、思考、創造性の浪費であるから。

ではこのような真剣な人は何をなすべきだろうか。もし、刑務所の壁を飾ったり、鉄格子を少しばかり取り払ったり、照明を増やしたりするようなことを望まないなら、あるいは、刑務所とはまったく関わろうとしないなら、何をなすべきだろうか？　彼には根本的な革命を実現すること、人と人の関係を根底から変革することの重要性がわかっている。その関係性は、内面と外面の両方の世界において、極端に豊かな者とまったく無一文の者がともに暮らしているこのぞっとするような社会を成り立たせているのである。いったいどうすればいいだろうか？このことを各自自分に問いかけてみることが重要である。

結局、文化というものは真実なる行為によってもたらされたのか、あるいは人間が作ったものなのだろうか？　もし人間が作ったものならば、それがあなたを真理へ導いてくれないことは明白である。そして、事実われわれの文化は、人間が作ったものである。なぜなら、文化というものは、世俗界のみならずいわゆる精神世界においても、さまざまな形の貪欲さのうえに成り立っており、あらゆる形での地位への願望、権力拡大といったものの産物だからである。そのようにしてできた文化が、至高なものの実現に向けて人を導くことは明らかに不可能である。そして、その事実がわかった場合、人は何をなすべきだろうか？

この社会は真理を求める人間にとって障碍物である、と実際に認識したとき、あなたはどうするか？　社会には単に一つか二つの活動があるのではない。社会は人間関係の総体であり、そこではあらゆる創造性が死滅しており、不断に模倣が行なわれている。また、社会は恐怖で枠組みされており、そこでの教育とは単なる服従にすぎず、愛は完全に欠如し、ある手本をなぞっただけの行為が愛として受け容れられている。

この社会で最も重要なことは、認められること、尊敬に値することであり、このみんなに認められることこそ、われわれのすべてが努力していることである。自分の能力、知識は社会から認められるべきだし、そうすればわれわれはひとかどの者になれるだろう、と人々は願う。以上のようなことをすべて認識し、また貧困、飢え、さまざまな信仰で人々の心がばらばらになっている状況を見たとき、このような真摯な人は何をなすべきだろうか？

ここで語られていることに真剣に耳を傾け、真なるものを発見したいという気持ちで聞くならば、わたしとあなたの間に意見や感情の衝突はなくなる。そして、もし、われわれがそんなものすべてをいったん脇へおいて、真なるものを発見しようと試すことができれば、そこには愛が要求されるが、そのまさに愛の中に、その善なる意識の中に、新しい文化を創造する真理を発見するだろう。そして、彼は社会から自由となり、社会の改革にはまったく関与しない。

しかしながら真なるものの発見には、愛が求められるにもかかわらずわれわれの心は空虚である。なぜなら、その心は社会への関心で満たされているからだ。このように心がいっぱいになっていながら、社会を改革しようとすると、その改革には愛のかけらも見られないのである。

したがって、真摯な人は何をすべきだろうか？　真理、神、あるいは何と呼んでもいいが、それを求めるべきか？　あるいは、実際に彼自身を改善することになる社会の改革に、心と精神を向けるべきだろうか？　おわかりだろうか？　彼は真なるものを探究すべきか、あるいは、彼自身を改善することになる社会の状態を改造すべきだろうか？　社会の名において自分自身を改善すべきか、あるいは、改善などというものはまったく存在しない真理を探究すべきか？改革とは時間、そうなるまでの時間を意味する、しかし、真理は時間とはまったく無関係であり、それは即座に捉えられる。

そこでこの問題はきわめて重要である、そうではないだろうか？　われわれは社会の改革について語っているが、しかし、それは依然として自己自身の改革のことである。真に存在するもの、真理なるものを探している人にとっては、そこに自己の改革はない。むしろ反対に、そこには自己つまり社会の、完全な止滅がある。したがって、彼は社会の改革には関わらない。

社会の全構造は承認と尊敬という過程のうえに成り立っており、たしかに真摯な人は、彼自身の改善でもあるこのような社会の改造を求めることはできない。社会を作り直し、何かの善行と自己を同一化したりすれば、彼は自己犠牲を行なっていると考えるかもしれないが、しかし、それは依然として自己の改善を行なっているのである。したがって、至高のもの、最高のものを求める人にとっては、自己の改善はあり得ない。その方向には、「わたしの」改善はないし、「理想のわたし」というものになることも、そうなる訓練も、「何かをすべきだ」という考えもない。これは、まさしく思考への強制を停止することを意味するが、思考への強制が存在しないときに、はたしてそこに考えるということがあるだろうか？

思考への圧力こそ考える過程である。それは、特定の社会の視点で考えること、あるいはその社会への反応として考えることである。そして、もし圧力がないとすれば、そこに考えがあるだろうか？　このような思考の動き――それが社会の圧力なのだが――をもたない精神だけが、そのような精神だけが真実在を見出すことができる。そして、至高なるものを探すことにおいて、そのような精神が新しい文化を創造するのである。現実の社会を改革することではなく、これまでと根本的に異なる文化を実現すること、このことが必要なことである。そして、そのような新しい文化は、真摯な人が、全力ですべてのエネルギーを使って、しかも真実のものである愛をもって追究しなければ実現しない。真理はいかなる書物の中にも、いかなる指導者を通じても発見できない。それは、考えることをやめたときに現われる。そして、思考を静止することはいかなる訓練によっても不可能である。心の静寂は愛があるときに起こるのである。

こういった問いのいくつかについて考えてみるに、ここで語られていることを直接体験することが重要ではないだろうか。問いに対する答に気をとられているだけでは実行はできない。もし、われわれがともにこの問題に取り組むならば、それについての意見——あなたの理論に対するわたしの理論——がもてなくなる。と言うのは、理論や見解といったものは、問題の理解への障碍だからである。しかしながらもしわれわれが、静かに、ためらいがちに、その問題に深く入り込むことができるならば、たぶんその問題を理解することができるだろう。実際のところ、問題は存在しないのである。

問題を生み出しているのは心である。問題を理解することのうちに、人は自分自身と自分の心の働きを理解してゆく。結局、問題が生じるのは、何らかの争点や混乱が心の温床に根をおろした場合のみである。心は、その混乱に根をおろさせることなく、争点を見守り、混乱に目覚めていることはできないだろうか？　心とは、感光フィルムのようなものである。それは知覚し、さまざまな形の反応を感じとる。しかし、反応が根づいて問題へと成長する温床に、心自体がなってしまわぬよう、愛をもって知覚し、感じ、反応することは可能ではないのだろうか？

質問者――あなたは、完全な覚醒は善であるという。では悪とはいったい何か？

クリシュナムルティ

いったい、この世に悪といったものが存在しているだろうか？　どうかわたしといっしょに気をつけて検討してみよう。われわれは世の中には善と悪があると言う。また、妬みと愛があり、妬みは悪で、愛は善だと言う。どうしてわれわれは、命を二つに分け、一方を「善」、他方を「悪」と呼び、そうすることで反対同士の争いを作り出しているのだろうか？

人間の心やハートには、妬み、憎悪、残忍さ、つまり哀れみや愛の欠如といったものはもともと存在しない。それなのに、なぜわれわれは、「善」と呼ぶものと「悪」と呼ぶものに命を分けるのだろうか？　実際には、無頓着な心という、たったひとつのものがあるに過ぎないのではないか？　たしかに、完全な覚醒、すなわち心が十全に気づいており、注意怠りなく、油断がないとき、そこには善や悪といったものは存在しない。ただ心の覚醒状態があるだけだ。そこでは、善とは優れたことでも有徳でもなく、愛のひとつの状態である。

愛があるとき、善も悪も存在せず、そこには愛だけが存在する。あなたが誰かを本当に愛しているときは、善とか悪とか考えていない、あなたの全存在がその愛で満ちているはずだ。「実際のわたし」と「あるべきわたし」の間で争いが生じるのは、そこに完全な覚醒、愛が欠けているときだけである。そして、「現実のわたし」が「悪」で、「あるべきわたし」がいわゆる「善」と呼ばれるのである。

ものを細かく分けて考えない、命を善悪に分断しない、こういった争いに捉われない、といったことがいったいなぜできないのだろうか？　善と悪の衝突は、われわれが何者かになろうとする際のもがきである。人が何者かになろうと望む瞬間に、そこには努力、対立物の間の衝突があるに違いない。これはひとつの理論といったものではない。あなたが、自分の心を観察してみればわかることだ。何者かになろうという考えをやめたとき、行動はやむ。それは停滞などではなく、それこそが善である完全な覚醒の状態である。しかし、その完全な覚醒は、人が何者かになろうという努力に囚われているかぎり不可能である。

わたしの話すことだけでなく、あなた自身の心の動きに注意して聞いて欲しい。そこには、何者かになろうとする並外れた頑固な考えや、自分以外のものになろうというあくなき努力などがみられるだろう。それを欲求不満と呼んでいる。自分以外の何者かになろうとする努力、それが「悪」である。なぜなら、それは部分的な覚醒であり、完全な覚醒ではないからである。完全な覚醒があれば、何かになろうという考えは起こらない。そこには存在の一状態があるだけだ。

しかし、「その境地に達するにはどうすればいいか？　いかにして完全な覚醒に至るのか？」といったことを尋ねた瞬間に、あなたはすでに「悪」の道に踏み込んでいる。なぜなら、何かを達成しようと望んでいるからである。したがって、何者かになろうと頑張る、努力する、励むかぎり、人は「悪」の道にいる、ということを理解するならば、また、事実を事実として見るということの真実を認識することができるならば、その状態が完全な覚醒であることを発見するだろう。その状態は善であり、そこに争いは存在しない。

質問者——偉大な文化は、つねにある様式に基づいてきた。しかしあなたは、新しい文化は様式から自由であると言う。一定の様式をもたない文化がはたして可能だろうか？

クリシュナムルティ

真実在を発見するためには、心はすべての様式から自由でなくていいだろうか？　そして、真なるものを見出すために自由であることは、現在の社会が認識することのできないような独自の様式を作り出さないだろうか？　ひとつの様式に囚われ、それに則って考え、社会から条件づけられている心が、様式をもたない測り知れぬものを発見できるだろうか？　いまここで話している言語、英語は、数世紀にわたって発展してきたひとつの様式である。もし様式から自由である創造性というものがあれば、その創造性、その自由は、言語の技術を用いることができるだろう。しかしその技術、言語の様式を通しては、真実在を発見することはできない。修行、特定の種類の瞑想、知識、あらゆる形の経験は、すべてある様式の内にあり、それらを通しては、心は何が真実であるかを理解することはけっしてできない。

何が真実かがわかるには、心は様式から自由でなければならない。そのような心は静かな心で、だからこそ創造的なるものはそれ自身の活動を創造できるのである。しかし誰もが知っているように、われわれのほとんどは、けっして様式から自由ではない。恐怖から、社会への順応から、現実世界ばかりでなく心理的または霊的世界において何者かになろうとする習慣から、心が完全に自由になる瞬間は絶対にないのである。いかなる方向であれ、何者かになろうとする過程が完全に静止したとき、そのときこそ、神、真実が現われ、新しい様式がそれ自身の文化を創造するのである。

質問者——心の問題と、貧困や不平等といった社会問題は、同時に取り組まれ、理解されなければならない。なぜあなたは、心の問題だけを強調するのか？

クリシュナムルティ

わたしはひとつだけを強調しているだろうか？　貧困や不平等、堕落や悲惨といった社会問題は、心の問題から離れて存在するだろうか？　たったひとつ、心の問題だけがあるのではないだろうか？　社会問題を生み出していながら、根本的に自己を変革することなしに社会問題を解決しようとしているのは、その心である。つまり、われわれが抱えている問題は心についてである。心は、優越感を味わいたくて社会的不平等を生み出し、また財産、社会的関係、知識であるアイデアによって安心感を得たいがために、さまざまな形でその獲得を追い求める。不平等を生み出しているのは、安心したいというこのあくなき欲求である。そして、差別を生み出している心、愛を欠いている心を理解しないかぎり、この問題はけっして解決しない。法律によってもこの問題は解けないし、共産主義者や社会主義者にも解決は不可能である。

不平等の問題は、そこに愛がある場合にだけ解決できるが、しかし「愛」は、そこら中にまき散らされるような単なる言葉ではない。愛のある人は、誰が優れているか、誰が劣っているか、には関心がないし、彼にとっては平等も不平等も存在しない。ただ、愛というひとつの状態があるだけだ。しかし、われわれはその状態を知らないし、けっしてそれを感じたこともない。

したがって、自分自身の活動と仕事のことで頭がいっぱいで、社会においてすでに悲惨なことを生み出したうえに、さらなる間違いと破壊を本気で推し進めようとしているような心に、それ自身の内部での完全な革命を実現することができるだろうか？　それが問題なのである。そしてわれわれは、どんな社会改革によっても、この心の革命を実現することはできない。しかし、心自体がその全面的な償いの必要性を了解したとき、そのとき革命は実現している。

われわれは心が空虚だから、つねに貧困、不平等、改善について語る。もし、愛があれば、われわれに問題はないだろう。しかし、愛は、いかなる訓練によっても実現することはできない。あなたが存在をやめたとき、すなわち、もはや自分のこと、自分の地位、評判、野心、欲求不満などが気にならなくなったとき、明日でなくこの瞬間に、自分についてまったく考えなくなったときに、愛はその姿を現わす。神と呼ばれるものを探し求めている人であれ、社会革命を目指している活動家であれ、自分のことで頭がいっぱいになっている状態に変わりはない。そして、そのようなことに気をとられている心は、愛が何であるかをけっして理解することはできない。

質問者――神について話して欲しい。

クリシュナムルティ

神とはどんなものかについて話をする代わりに、明日や遠い将来ではなく、こうしてともに静かに坐しているまさにいま、尋常ならざる状態というものをあなたが認識できるかどうか検討してみたい。たしかに、それはより以上に重要である。しかし、神とは何であるかを発見するためには、すべての信仰を捨てなければならない。真なるものを発見しようとしている心は、真理を信じることができず、神についての理論あるいは仮説を受け容れることもできない。

どうか耳を傾けて欲しい。あなたは、仮説、信仰やドグマを信じ、神についての考えで頭がいっぱいになっている。真理や神が何であるかについて書かれたあれこれの書物を読み、心は驚くほど落ち着かなくなっている。知識がいっぱいに詰まった心は不安定であり、静かではなく、重荷を背負い込んでいるだけである。単に重苦しいということは、心が静かであることを意味しない。たとえ神の存在を信じていようと神の不在を信じていようと、心が信仰に満ちているとき、心は何かを背負い込んでおり、そのように荷を負っている心はけっして真なるものを発見することはできない。

真なるものを発見するためには、心は自由でなければならない。それは、祭式、信仰、ドグマ、知識、経験といったものからの自由である。心が真実を認識できるのはまさにそのようなときだけである。心が静止しているために、もはや外に向かって動くことも、内に向かって動く、つまり欲望が生じるということもない。したがって、そこには抑圧された欲望、すなわちエネルギーもない。反対に、心が静止するためには、エネルギーが満ちあふれていなければならない。しかし、もし外部に何らかの動きがあり、それによって内側に反応が起こるならば、エネルギーが成熟し満たされることはない。こういったことすべてが鎮静したとき、心は不動である。

わたしはあなたを静止させるように催眠をかけているのではない。何世紀もかかって積み上げられた迷信、知識、信仰といったものすべてを、何の苦も、抵抗もなく手放し、廃棄することの重要性を、あなた自身が理解しなければならない。そして、いかなる形であれ、荷を背負っていることは、心を乱し、エネルギーを浪費するという事実を知るべきである。

心が静止するためには、エネルギーが豊富でなければならず、そのエネルギーは不動でなければならない。そして、実際に努力のない状態に達したとき、エネルギーが静止し、社会の強制や圧力の結果ではなく、それ自身の本来の動きをすることがわかるだろう。心が静止し、静かで豊かなエネルギーをもっているために、心自体は至高の状態に達することができる。しかし、至高の状態を経験する者はいない。「わたしは真実在を経験した」と話す者はいない。経験者がいるかぎり、真実在は現われない。なぜなら、経験者とは、経験を収集したり解消したりする活動だからである。従って、経験者は完全に止滅しなければならない。

耳を傾けて欲しい。少しも努力する必要はない。経験者、つまり内外に向けての心の活動は、やめなければならないことをわかって欲しい。そのような動きはすべてやめなければならず、そうするには大変なエネルギーが要るが、エネルギーを圧迫するのではない。心が完全に静止しているとき、すなわち、エネルギーが訓練のために浪費も歪曲もされていないとき、そのエネルギーは愛である。真なるものはエネルギーとともにある。

ボンベイにて　一九五八年一二月二四日

個人こそ最も価値ある存在である。しかし、社会、宗教、政府もそのことを認めようとはしない。あなたはきわめて貴重な存在である。なぜなら、真実在の爆発的な創造力を引き出す唯一の手段だからだ。あなた自身が真実在が出現できるための環境である。しかし、すべての政府、組織宗教、社会が口では個人の重要性を唱えつつも、実際には個人の核心や感情を抹殺しようとしていることは誰もがよく知っているだろう。それは、政府や教団が集団的感情、大衆的反応を望んでいるからである。

ところで、一定の型の信仰に従って組織され、習慣、伝統、知識といったものから圧迫されているだけの精神は、個人的精神とは言えない。これらの影響の意味と浅薄な価値がわかったために、慎重に、賢明に、気持ちを込めて、このような影響をすべて脇に置いてしまったときにだけ、初めて個人的精神が存在でき、そのときにだけ、そこに個人的な創造的精神が出現する。

大衆から個人を引き離すには大変な困難を要するが、この分離が実現しないかぎり、真実在が現われることはない。真の個人とは、ただ単に、自分の姓名をもち、ある種の感情的反応、習慣的反発を行ない、一定の財産などを所有する者のことではない。そうではなく、真の個人とは、この思想の混乱や伝統のしがらみを押し分けて進もうと頑張っており、これらをすべて脇に置き、人間の悲惨さのわけやその核心を見つけようとしている人のことである。このような人は、書物や権威、よく知られた習慣などに頼ったりはせず、こういったもの全部を退け、問いはじめる。彼こそ本当の個人である。しかし現実には、われわれのほとんどはこういった書物や習慣を反復し、受容し、従い、模倣する。そうではないだろうか？　なぜなら、服従することがわれわれの習性になっているからである。家庭での服従、書物への、導師への、教師などへの服従、そして、服従することでわれわれは、そこに安全、無事があると感じてしまう。しかし現実には、人生は安全ではなく、けっして確固としたものではない。その反対に、人生は最も不確かなものである。また、人生は不確実であるがゆえに、非常に豊かで測り難いのである。しかし、探求する精神は安全と安心を探し求め、そのために服従し、模倣する。そのような精神はまったく個人的精神とは言えない。

われわれはそれぞれ違う名前をもち、姿かたちも別々であるにもかかわらず、一個人ではない。なぜなら、内面の心理状態は、時間に縛られ、習慣、伝統、権威——政府、社会、家庭の権威——に圧迫されているからだ。そのような精神は個人的精神というものは、そういったものすべての外部にあり、社会の枠組みの内側にはない。個人的精神は反逆するものであって、安全を求めてはいない。一方、革命的精神は、反逆する精神ではない。それは、物事を一定の型に改造しようと望むだけで、そのような精神は反逆する精神とは言えない。それは、それ自身欲求が満たされていないのである。

欲求不満がどれほど厄介なものであるかについて、あなたが気づいているかどうかは知らない。あなたは、欲求不満の若者をたくさん知っているに違いない。彼らは、何をやるべきかわかっておらず、惨めで、不幸で、反抗的で、これを求めたりあれを試したり、果てしなく問いを発しつづけている。しかし歳をとるにつれ、仕事を見つけ、結婚し、それで欲求不満は終わる。その根本的な不満は、はけ口が見つかり、惨めさもそこへ流れ込んでいく。

彼らが若いときには、両親、教師、社会のすべてが、不満をもたず、自分のやりたいことを見つけて実行するように、と説得するが、それはつねに社会の枠組みの内部においてである。そのような精神は本当に反逆的であるとは言えない、そして必要なのは、何にでも従う従順な精神ではなく、真理を発見するために真に反抗する精神である。反逆とはパッションである。

したがって、一個人となることはきわめて重要である。そして、自己認識——自己を知り、なぜ真似るのか、なぜ順応するのか、なぜ服従するのかを知ることによってのみ、初めて個人というものになる。あなたは、恐怖のために服従する、そうではないのか？　安全でいたいと願うゆえに、より強い力を、よりたくさんのお金を、またあれやこれやを手に入れるために、あなたは従う。しかし、神と呼ぶものを発見するためには、また真実在が存在するか否かを見つけるためには、過去、知識、経験に対して何の関心もない個人でなければならない。また、全面的に完全に新しく、新鮮で清浄な精神でなければならない。

宗教とは、真実なるものを発見することである。それは、自分で発見しなければならないということを意味しており、すでに発見していてそれについて話したがる者につき従うことではない。単に真実在という言葉のみ受けとめ、安心を期待してその考えに従うような精神ではなく、真実在そのものを受け容れる精神がなくてはならない。

つまり、知ることと感じることには違いがあり、それがわかることはきわめて重要である。われわれは、自分についての説明は十分にもっている。つまり「知っていること」だ。「わたしは、自分がやる気満々だと知っている」「自分が貪欲だと知っている」「自分が憎んでいると知っている」などと言う。しかし、ここでの「知っている」は、その事実から自由なのではない。たとえば、あなたは自分が憎んでいることを知っているとしよう。しかし、実際の憎しみという感覚や、憎しみからの自由は、その憎しみを説明しようと努めることや、憎しみの原因とはまったく異なるものである。そうではないだろうか？　すなわち、自分が鈍くて愚かであると知ることと、自分の鈍さ、愚かさの感覚を注意深く自覚することとは、二つのまったく異なるものである。感じるためには大きな活力、強さ、精力を必要とする。しかし単に知ることは、人生への部分的なアプローチにすぎず、それは全面的な取り組みではない。

あなたは、一枚の木の葉がどう組成されているか植物学的には知っているかもしれない、しかし、木の葉を感じ、その香りを嗅ぎ、しみじみと見つめるには大いなる洞察——自己への洞察が要求される。あなたがたった一度でも木の葉を手に取り、眺めたことがあるかどうかは知らない。

あなた方はみな都会人で、自分のこと、自分の進歩、自分の成功、野心、嫉妬、自分の上司、自分の指導者その他すべての無意味なものに気をとられすぎている。もしあなたが深く感じる方法を知っていたら、豊かな共感をもって何かを行ない、自分の全存在をかけて行動するだろう。しかし、もし、社会に貧困が存在することをただ知識として知り、国の役人や村の改革者のように、気持ちを伴わずに貧困を解消しようと、頭だけ働かそうとするならば、あなたのすることはまったく重要ではない。これは悲劇である。

あなたも知っているように、真理をつかむためにはパッションが必要だ——わたしはここで、「パッション」という言葉をその最も重い意味で使っている——なぜなら、あなたの全存在をかけて、強く深く感じることがぜひとも必要だからである。そうでなければ、真実在と呼ばれる不可思議なものはけっして現われないからである。しかし、あなたが信仰している宗教や聖人たちは、あなたに対して、欲望を抱いてはならない、欲望を制御し、こらえ、打ち克ち、破壊しなければならないと説く。それは、燃え尽き、すり切れ、空っぽの死に体で真実と対面しろということである。命というこの不可思議なものと出会うには、パッションをもっていなければならない。もし、社会や習慣から催眠にかけられていたり、あるいは、信仰、教義、祭礼に取り込まれて身動きできないようであれば、パッション、強烈な感情はもてないだろう。

したがって、光明、真実、測り難い真実在を知るためには、われわれはまず最初に、いわゆる宗教なるものを理解し、それから自由にならなければならない。それも、言葉のうえだけでなく、また頭で考えただけでなく、説明に頼るのでもなく、実際に自由にならなければならない。なぜなら、自由こそ——頭の中での自由でなく実際の自由こそ——活力をもたらすからである。

教義や祭式などといったつまらないものを適当に片付け、このごたごたした伝統的なまがいものすべてを脇によけることができれば、心は自由になり、研ぎすまされ、パッションをもつことになる。そのような心だけが前進できる。

したがって、これに関わっているのはあなた方とわたしだから、大衆としてではなく独立した一個人として——政治的実体以外に大衆などというものは存在しない——宗教という言葉でわれわれが何を意味しているかを見きわめたい。宗教とはわれわれにとって、いったい何だろうか？　それは、われわれを制御し、形づくり、希望を与え、導いてくれる超人的神性か何かを信じることではないのか？　そしてわれわれは、それに向かって祈り、祀る。また、その名において犠牲を捧げ、なだめ、祈り、懇願し、困ったときに助けてくれる自分の「父親」のように見なしている。

われわれにとって宗教とは、単に寺院の彫像、モスクの銘文、教会の十字架だけでなく、つまり手で彫られた偶像だけでなく、心や考えで刻印された偶像でもある。したがって宗教は明らかに、日常の悲しみや混乱からの逃避の手段である。われわれは、不平等、不正義、死、絶えることのない悲しみ、争い、希望のなさ、絶望といったことがなぜ起こるのか知らない。そのために、ある種の神、祭礼、ミサ、祈祷に向かい、そうすることで慰めと安らぎを得ようと願う。

そして、その過程において、聖人、哲学者、書物が、特定の解釈、習慣、伝統によって、われわれを圧迫する。これがわれわれの生きざまである。そうではないだろうか？　もし、みずからを検証してみれば、それが宗教というもののあらましであると認めないだろうか？　宗教とは、豊かさや充実した人生、あるいは生きるためのパッションを与えるものではなく、心を慰めるために心が作り上げたものである。

さて、われわれは知ったわけだが――しかし、ここであらためて言うと、知ることと感じることは二つの異なるものである。つまり、組織された宗教の虚偽性を知ることがひとつであり、宗教をよく観察し、そこから身を退き、それをすっかり捨ててしまうのはまた別のことで、それにはとても深い真剣な気持が必要である。そこで問題は、易しい解答はないが、いかにして宗教を捨てるか、いかにしてその宗教に対して死ぬか、いかにして宗教のあらゆる説明に対して、偽りの神に対して死ぬかである。なぜなら、心と手によって作られたすべての神々は偽物だからである。しかし、いかなる説明もあなたを宗教に対して死なせることはない。

では、何があなたを宗教に対して死なせるのだろうか？　「ではやめよう」と言わせるものは何だろうか？　われわれが何かをあきらめるのは、通常、何かそれよりもっといいと思えるものを得るためにであり、そしてそれを放棄と呼んでいる。しかしそれは明らかに放棄ではない。放棄とは、未来がどうなるか、明日何が起きるかを知らないままあきらめることである。明日どうなるかわかっていてあきらめるのは、単なる交換、市場で行なわれることであり、何の価値もない。

肉体的に死が訪れたとき、あなたは次に起ころうとしていることについては何も知らない、それが最後の決着である。同様に、宗教と呼ぶものすべてを、次にどうなるかもわからずに、全面的に根こそぎ捨て、あきらめ、脇に置く――一度でもこれを試したことがあるだろうか？これがあなたにとって問題となるかどうかは知らない。しかし、敏感で、はっきり目覚めた人ならば誰にとっても、たしかに問題であるに違いない。なぜなら、この世にはこんなにも多くの不正義があるからだ。

なぜ、他の人は歩いているのに自動車に乗る人がいるのか？　なぜ、飢えや貧困がある一方で、巨万の富が築かれているのか？　なぜ権力、権威、地位といった力を残忍にふるう人間がいるのか？　なぜ、子供が死ぬのか？　なぜ、至るところに耐え難い悲惨さがあるのか？　こういったすべての疑問を発する人は、そのことに本当に熱中しているに違いなく、的はずれな原因、つまり経済的、社会的、政治的な原因などを見つけたりはしていない。明らかに、智慧ある人は、単なる説明のための原因よりははるかに重要な原因に立ち向かうに違いない。そして、われわれの問題はここにある。

まず、最も大事なことは、説明で満足することでも、カルマ（業）という言葉やずる賢い哲学で満足することでもなく、単なる説明などでは拭い去ることのできない多くの問題が存在することを認識し、徹底的に感じることである。もし、このように感じることができるならば、精神に革命が起きているのがわかるだろう。一般に、悲惨さに対してその解決の仕方が見つからない場合、人はより辛辣な皮肉屋になるか、あるいは失意に基づく哲学理論を考え出すかである。しかし、死があり堕落があるといった不幸な事実に直面し、それについてのすべての説明、解決、回答を剥ぎ取るなら、精神はそういった事実と直接に立ち向かうことになる。しかし奇妙なことに、われわれの精神はその直接の認識を許さないのである。

したがって、見ることや知ることと、感じることや愛することとの間には違いがある。しかし、感じることや愛することは献身を意味しない。献身によって真実在に至ることはできない。ある概念に自己を感情的に捧げることを、一般には献身と言う。しかし、それは真実在を退ける。なぜなら、何かに自己を捧げることで、あなたは単にその対象と自分を同一視しているにすぎない。自分の神々を愛し、導師の周りに花輪を捧げ、決まりきった祈りの言葉を繰り返し称え、神々の前で喜びのあまり我を忘れ、涙する——こんなことを今後何千年間続けてもかまわないが、しかしけっして真実在を見つけることはないだろう。

たった一片の雲、一本の木、一人の人間を、認め、感じ、愛するにも大変な集中が必要である。精神が知識に気をとられていたら、どうして集中することができるだろうか？　知識は技術としては有用であるが、それだけのものにすぎない。もし医師が手術法を知らなければ、そんな医師には近づかないほうがいいだろう。知識というものは、一定の方面においてある程度は必要である。しかし、知識はわれわれの悲惨さに対してすべて答えてくれるわけではない。それに答えてくれるものは、情熱、このパッションの中にある。そしてこのパッションは、自己がなくなったとき、自分というものをすっかり忘れてしまったときに生まれる。感じ、理解し、愛するためには、パッションのその特質が必要である。

真実在は知的なものではない。しかしわれわれは子供のときから、教育や、いわゆる学習と言われるものによって、精神を鋭くし、競争するように、また弁護士や政治家や技術者や専門家の場合なら情報を詰め込むように育てられてきている。そのために、精神は研ぎすまされ、聡明にされ、そしてそれを維持することがいちばん大事なことになっている。その結果、われわれの感情は衰退してしまったのである。

あなた方は、貧しい人が悲惨な状況にあっても何も感じないし、金持ちがきれいな車に乗っているのを見てもけっして幸せに感じない。また、人の美しい表情を見てもけっして喜びを感じないし、空の虹、緑の野の輝きを見ても感動しない。われわれは、それほどに自分の仕事や惨めさに囚われているため、愛する、親切にする、優しくする、とは何かを感じる余裕が一瞬もない。こういったものがまったくなくて、神とは何かを知りたいとは！　何と信じ難い間抜けで、子供じみていることか！

したがって、個々人が生き生きとすることが何よりも大事である。それは、復活するということとは違う。あなたは、すでに死んでしまった感情、過ぎ去った栄光を復活させることはできない。しかしわれわれは、たった一日でさえ、充実し満たされた、豊かな生を生きることができないのだろうか？　なぜなら、そのような一日は、千年にも匹敵するからである。これは詩的な空想ではない。もし時間も未来も過去もない豊かな一日を生きたならば、あなたはそれを知るだろう。そして、その途方もない状態の豊かさを知るだろう。そのような生は、知識とはまったく何の関係もない。

ボンベイにて　一九六一年三月八日

自分をヒンドゥー教徒やキリスト教徒、仏教徒などと称しているかぎり何も見ることはできないし、物事をはっきりと正確に観察することもできない。教徒であるということは、すべて伝統であり、知識の重み、条件づけの重みを背負っているのである。そのような心では、キリスト教徒、仏教徒、ヒンドゥー教徒、国家主義者、共産主義者、あるいは他のもの、といったそれぞれの立場に基づいて人生を眺めることができるだけで、その状況は人生の観察を妨げるものである。それは単純なことである。

心がそれ自身を条件づけられているものと見なす、という状態がある。それは心のひとつの状態である。しかし、心が「わたしは条件づけられている」と言うときは、またこれとは別の状態である。心が「わたしは条件づけられている」と言うとき、その場合、そこに条件づけられた状態を見ている「わたし」という観察者が存在する。「わたしは花を見ている」と言う場合、見る人（わたし）と見られるもの（花）があり、見るものと見られるものとは異なっている。したがってそこには、距離があり、時間差があり、二元性があり、対立がある。そしてそこに、対立の克服があり、両者の結合がある。それはあるひとつの状態である。

一方で、これとは異なる状態がある。心がそれ自身を条件づけられたものとして見なす場合、そこには、観察者と観察される対象は存在しない。この二つの状態の違いがわかるだろうか？

◆

心は、観察物として自分を見ることをせずに、自分が条件づけられていることに気づくことができるだろうか？　つまり、あなたが怒っているときに経験するような観察者のいない状態を、明日でも一瞬後でもなく、いま経験することができるだろうか？　この気づきには大変な注意力が要る。それは集中力ではない。集中する場合、そこには二元性がある。何かに集中する場合、心は集中する対象の観察に集中し、したがってそこに二元性がある。一方、気づきの場合、そこには経験している状態があるだけだから、二元性は存在しない。

「わたしは、すべての条件づけから自由でなければならない、わたしは経験しなければならない」と言う場合、そこには依然として「わたし」が存在している。その「わたし」が中心であり、その中心からあなたは観察しているのである。したがってそれでは、まったく脱出したことにはならない。なぜならそこには、観察し「わたしは……ねばならない。わたしは……してはならない」と言っている中心、結論、記憶といったものがつねに存在するからである。

あなたが何かを見ているとき、または経験しているときに、そこには観察者のいない状態がある。それは、あなたが物事を見る拠点となる中心をもたない状態である。現実の痛みを感じる瞬間、そこには「わたし」はない。途方もない喜びの瞬間、そこには観察者はいない。そのとき天は満たされ、あなたはその一部であり、何もかもが祝福である。このような心の状態は、何者かになろう、何かを達成しよう、という心の状態が間違っているとわかったときに現れる。そして、心は時を超えたものについて語りかける。時間を超えた状態が現出するのは、観察者が存在しないときだけである。

質問者——自分自身の状態を観察してきた心は、思考や二元性を乗り越えることができるのか？

クリシュナムルティ

物事をきわめて単純に見るということをなぜ拒否するのだろうか？　たとえば怒っているとき、その状態の中に考えがあるだろうか？　そこに思考や観察者が存在するだろうか？　激情に支配されているとき、そこにそれ以外の何かが存在するだろうか？　憎しみにかられているとき、そこに観察者や考えやその他のものが存在するだろうか？　それは、あとから、ほんの一瞬遅れて起こるものであるが、この最中にはそんなものはまったくない。

質問者——愛には注がれる対象というものがある。愛には二元性があるのだろうか？

愛は何かに注がれるということはない。太陽はあなたやわたしに注いでいるのではない。それはそこにあるだけだ。

観察者と観察されるもの、考えと行為、「現にあるもの」と「あるべきもの」、ここには二元性、二元性に反対するもの、二つのものを相関させようとする衝動があり、そこにおいて争いが生まれる。これが時間の支配する世界のすべてである。そのような心では、時間が存在するか存在しないかという問題に、着手したり解決したりすることはできない。では、どうすれば心の二元性を拭い去ることができるのだろうか？　それは、「どうすれば」でも、あるシステムでも、ある方法でもない。なぜなら、ひとつの方法を用いた瞬間に、再び時間の領域に属することになるからである。

そこで問題は、その領域から飛躍することができるか、ということになる。その飛躍は、徐々にというわけにはいかない。なぜなら、それもまた時間を巻き込むことになるからである。時間を経由するのではなく、直接に認識することによって、その条件づけを拭い去ることはできないだろうか？　これは言葉を変えれば、心は虚偽を識別し、真実を認識すべきであるということである。「時を超えたものを見つけなければ」と時に囚われている心が自問したところで、答などはあり得ない。しかし、時間の産物である心が、努力や修行によらずに自分を拭い去ることは不可能だろうか？　何の動機もなく、心はものを放棄することができるのか？　もし、そこに動機があれば、そのときは、再び時間の領域に戻ってしまうことになる。

では愛とは何かについて、かつてわたしが説明したように、否定の立場から検討を始めてみたい。まず、動機のある愛は明らかに真の愛ではない。たとえば、仕事が欲しくて、あるいは何かもらいたくて、偉い人に花輪を贈ることは、敬意をはらっていることになるのだろうか、あるいは実際には失礼にあたるのだろうか？　失礼のない人は、当然敬意をもちあわせている。真理を探究できるのは、否定の状態にある心である。肯定の反対ではなく、虚偽なるものを認識し、虚偽を虚偽として片づけるという否定である。

時間を通して事実を完全に把握し、自己のしたいことを行なっても、心はけっして真理を発見できない。しかしながら、真理はそこに存在する。真理はもっと広大で、限界がなく、測り難い。それは、始まりも終わりもないエネルギーである。それに到達することは不可能であるし、どのような心もそれに至ることはできず、それはただ「ある」だけである。われわれは、可能であれば、ただ心からものを拭い去ること、徐々にではなく、きれいさっぱりと拭い去ることだけを心がけるべきである。それは、言わば、清浄心である。大河にも似たこの驚くべきものを見ることができるのは、清浄な心だけである。

ところで、大河がどんなものであるか知っているだろうか？　ボートから大河の上流下流を眺めたり、泳いで渡ったりしたことがあるだろうか？　それが、どんなにすばらしいか！　大河には始まりと終わりがあるだろう。しかし、始まりは河でなく、終わりも河ではない。大河はその中間にある。村々を通過し、あらゆるものが流れ込み、町を通り、悪い化学物質でひどく汚染され、汚物や下水が投げ入れられ、そして数マイル先では、みずからを浄化するのだ。水面下では魚が、上では人が水を飲み、大河においてはすべてのものが生きている。それが大河である。しかしその背後には、大変な水の圧力があり、浄化作用の過程がある。これが大河である。

清浄なる心も、あの大河のエネルギーに似ている。そこには始まりも終わりもない。それは神である。しかし、それは寺院に祀られているような神ではない。そこには始まりも終わりもなく、したがって、時間も無時間もない。そして、心はそこを訪れることはできない。時間の領域内で働く心は、みずからを拭い去って、真理を知ることなくその中に入らなければならない。なぜなら、真理を知ることはできず、それを味わうこともできないからである。真理には、色も、空間も、形もない。そんなものは説教者のためにあるのであって、あなた方のためではない。なぜなら、あなた方は真理を置き去りにしていないからだ。また、そのような境地があると誰かに話してはならない。誰からか影響された人の言説は間違ったものだからだ。

あなた方にできるすべてのことは、そこから飛躍することであり、そうすれば真理を知るだろう。そして、たとえ知りたくなくても、あなた方はこの驚くべき境地の一部である。

ロンドンにて　一九四九年一〇月二三日

経験はものさしではなく、真実在へ至る道にはなり得ない。なぜなら、結局われわれは、自分の信念や条件づけに従ってすべてを経験するからである。そしてその信念は、明らかに自分自身からの逃避の産物である。自己を知るためには、いかなる信念ももつ必要はない。関係の中の、逃避し執着している自分自身を、はっきりと選り好みせずに観察するだけでいい。いかなる偏見も、結論も、決めつけもなしに自分自身を見るべきである。

その無抵抗の自覚において、人は、途方もない孤立を感じる。あなた方の多くは、この何ものをもってしても満たすことのできないような、完全な空虚感をこれまでに感じたことがあるはずだ。それは、すべての価値が完全に止滅した状況にあるときにのみ起こり、われわれがただ一人で存在することができ、いかなる逃避感もなく、一人でいることに直面できたときにのみ、あの真実在が現われる。なぜなら、いろいろな価値というものは、単にわれわれの条件づけの結果にすぎないからである。価値は信念に基づいており、経験に似て、真実在を理解する際には障碍となる。

ところが、これは大変な苦労を要するため、われわれのほとんどはそうすることを望まない。そのためわれわれは、人間関係や、いわゆる愛や、所有の経験、神秘的で盲信的な経験にしがみついている。この経験は非常に重大である。なぜなら、われわれはそれからできているからだ。人間は、信念、条件づけ、周りの影響といったものから作られている。それはわれわれの背景であり、その背景から、われわれは物事を判断し、値踏みする。そして、この背景の全過程を経験し、理解したとき、自分が完全にひとりぼっちであるという核心に触れる。

真実在を発見するためには、ただ一人でなければならない。それは、人生からの逃避や引退を意味するのではない。むしろその反対に、完全なる生の強化である。なぜならそこには、自己の背景からの自由、逃避経験の記憶からの自由があるからだ。その一人で在ること、単独でいることにおいて、そこには選択もなく、あるがままへの恐怖もない。恐怖というものは、われわれがあるがままを認めたくない、目を背けたい場合にだけ生じる。

したがって、真実在が姿を現わすためには、みずからが作り出し、さらに取り込まれてしまっている無数の逃避を棄てることが不可欠である。たとえば、よく観察してみれば、われわれがいかに自分自身から逃避するために、人々――夫や妻、あるいは組織や国家――を利用しているかがわかる。われわれは、関係の中に慰めを求める。そして関係性の中に慰めを求めることが、ある種の経験を生み、その経験にわれわれは執着する。

こうして、自分自身から逃避するためには、知識も非常に重要なものとなる。しかし、知識は明らかに真実在への道ではない。真実在が現われるためには、心は完璧に空っぽで静まりかえっていなければならない。しかし、知識を姦しく披露しまくり、考えや信仰に中毒し、のべつぺちゃくちゃ話しているような精神に、真に存在するものを受け止めることはできない。

同様に、もし、関係の中に慰めを求めるとすれば、その関係は自分自身を避けることになる。われわれは、関係に慰めを求め、寄りかかれるものを求め、援助を求め、愛され、所有されたいと願う。こういったことはすべて、われわれ自身の存在の貧しさを示している。同様に、財産、名声、肩書き、所有への願望は、内面の貧しさを示している。

これは真実在へ至る道ではないと認識したならば、そこでもはや慰めを求めないようになり、あるがままで完全に満足するようになる。しかし、それは停滞を意味するわけではない。あるがままから飛び立つことは死ぬことであり、また、あるがままを認識し、それに目覚めることの中に人生はある。したがって、経験はその人の条件づけに基づいており、自己からの逃避の結果である信仰の経験や関係の経験などは、障碍や障壁となる。それはわれわれの足りないところをおおい隠す。

われわれがこういったものが逃避であると認識し、その本当の価値を見抜いたときに、初めて、心が静寂に、不動に、空っぽに、単独になる可能性が生まれる。心がきわめて静かで、受容するでなく拒絶するでなく、あるがままを無抵抗に自覚しているとき、測り難い真実在が現われる可能性がある。

質問者――神の計画というものは、あるのかないのか？　もしないとすれば、人間の努力の意味はどうなるのか？

クリシュナムルティ

なぜ、われわれは努力するのか？　何のために頑張っているのだろうか？　頑張るのをやめたらどうなるのか？　停滞し、朽ち果てるのだろうか？　何かになろうとするこの絶えざる努力は、いったい何だろうか？　この争い、この努力は何を示しているのだろうか？　努力や頑張りによって理解が得られるのか？　人は、よりよくなろう、自分を変えよう、ある型に自分を合わせよう、従業員から支配人へ、支配人から聖職者へと、絶えず何かになろうと努力している。こういった努力によって、理解が得られるのだろうか？

この努力の問題はしっかりと認識されなければならない。われわれに努力させているものは何か、「そうなりたいという意志」でわれわれは何を意味しているのか？　われわれは、ある成果を達成するために、よりよくなるために、さらに徳が高くなるために、それほどでなくとも、何かになるために努力することはないのだろうか？

われわれの心の中には、前向きな欲望と後ろ向きな欲望があり、この両者の間でつねに争いが起きている。一方は他方に取って代わり、他方は一方を支配しようとし、われわれは一方を高次の自己、他方を低次の自己とただ名づけているが、しかし明らかにそれはあくまでも欲望である。それをどのレベルにもおくことができ、異なる名で呼ぶこともできるが、しかし、それは依然として何者かになりたいと願っている欲望であることに変わりはない。さらに、この絶えることのない争いは自分の内部ばかりでなく、他者との間にも、さらに社会との間にも存在する。

ところで、このような欲望の争いが、理解をもたらすのだろうか？　対立するもの、欲望と節制の間の争いが理解を導くのだろうか？　われわれをある理念に近づけようとする奮闘の中に、理解があるだろうか？　したがって問題は争いや奮闘ではなく、また、もし奮闘をやめたら、努力しなくなったら、心理的にも社会的にも何かになろうと頑張らなくなったら、いったいどうなるかといったことでもない。本当の問題は、どうすれば理解が得られるか、ということである。なぜなら、ひとたび理解があれば、争いはなくなるからである。そうすればあなたは、自分が自由であることを知る。

理解はどうすれば得られるのか？　理解しようと努力すればするほど、ますますどんな問題もわからなくなるという事実に、あなたが気づいているかどうかは知らない。しかし、努力することをやめ、問題にすべてを語らせ、そのすべての意味を託した瞬間に、そこに理解がある。このことは、つまり、理解するためには心は静かでなければならないということをはっきりと示している。心は、選り好みせず、受身で、気づいていなければならない。そして、そのような状況において、われわれの生の多くの問題について理解が起きるのである。

質問者は、神の計画というものがあるのかないのかを知りたいようだ。「神の計画」とは何を意味しているかは知らない。しかしわれわれが、悲しみ、混乱していること、そして混乱と悲しみは、社会的にも、心理的にも、個人にも、集団にもつねに増えつづけていることは知っている。そうではないだろうか？　それは、この世界でわれわれが作り出したものである。

神の計画があるかないかは、まったく重要ではない。重要なことは、内的にも外的にも、われわれがその中で生きている混乱について理解することである。その混乱を理解するためには、もちろん自分自身から始めなければならない。なぜなら、われわれ自身が混乱しているからだ。世界に外的な混乱をもたらしたのは、他ならぬわれわれである。その混乱を解決するには、まずわれわれ自身から始めなければならない。なぜなら、われわれが世界だからである。

「そうだとすれば、このような方法で世界を秩序づけるには長い時間がかかるだろう」とあなたは言うだろう。わたしは、その意見が正しいとはまったく思わない。なぜなら、結局、革命なり、変化なりをもたらすのは、一人か二人のきわめて明晰で、理解した人だからである。しかし、あなたも知っているように、われわれはなまけ者だから、革命は難しい。われわれは、他者や状況が変わること、政府がわれわれの生活を整えてくれること、われわれを変身させてくれるような奇跡が起きることなどを期待する。そしてそのために、混乱とともに暮らしているのである。

したがって本当に重要なことは、神の計画があるのかないのか、などと尋ねないことである。なぜなら、計画のあるなしを証明することで無駄な時間を費やすからである。それは宗教の伝道者にとってはひとつのゲームとなっている。肝心なことは、自分自身が混乱から自由になることであり、それには長い時間は必要ない。最も重要なことは、自分が混乱していること、および、混乱から生じるすべての活動や行為もまた混乱するということを認識することである。それはあたかも、導き手を探す混乱した人に似ており、その導き手もまた混乱するに違いない。

肝心なことは、自分が混乱していることを自覚することであり、混乱から逃げようとせず、混乱の説明を探そうとしないで、受身で、選り好みせず、気づいていることである。そうすれば、その受動的な気づきからまったく異なる行動が生まれるのがわかるだろう。なぜなら、もし、混乱状態を浄化しようと努力すれば、そこで出てきたものは、依然として混乱しているからである。しかし、もし選り好みのない、受身の気づきを自覚していれば、そのとき混乱は明らかになり、消失する。

もしあなたがこれを試してみるなら、このことに時間はまったく関わっていないので、あまり時間をかけずにやってみるなら、あの浄化が現れるのがわかるだろう。しかしあなたは、全面的な集中、全面的な関心をそれに注がなければならない。混乱状態の中では動く必要がないので、われわれのほとんどは混乱することを好まないなどということを、わたしは一向に信じていない。つまり、われわれは混乱に満足するのである。なぜなら、混乱を理解するには、理想や観念の追求ではない行動が必要だからである。

神の計画なるものが存在するかしないかといった質問自体が不適切である。われわれは、自分自身および自分たちが作り出したこの世界、すなわちその悲惨、混乱、争い、戦争、分裂、搾取について理解しなければならない。これらはすべて、他者との関係におけるわれわれの活動の結果である。そして、もし、自分と他者との関係を理解することができ、いかに他者を利用しているか、またいかに人々、財産、知識によって自分自身から逃避しようとして、そのために関係、財産、知識に過大な価値を与えているかということがわかったなら――もしこのことすべてを認識でき、それを受身で気づけたなら、自分自身でもあるその背景から自由になるだろう。そのときだけ、あるがままの自分を発見する可能性がある。

しかし、神の計画があるかないかを考えたり、それを見つけようと頑張ったり、それについて講義したりするために時間を使うことは、わたしには児戯に思えてならない。その計画が、左派でも右派でも、あるいは神のものでも、単なる計画に従うことによって平和がもたらされることはない。従うことは単なる抑圧であり、抑圧には恐怖がある。平和と静寂は、理解の中にだけ存在することができ、その静寂の中に真実在は現われる。

質問者――理解は、過去の努力や経験とは無関係に、突然訪れるのか？

クリシュナムルティ

過去の経験とはどういう意味なのか？　挑戦をどういう具合に経験するつもりなのか？　結局のところ、人生とは挑戦と反応の過程である。そうではないだろうか？　挑戦はつねに新しく、そうでなければそれは挑戦ではない。そして、われわれの反応は、必然的にわれわれの背景、条件づけの産物である。したがって挑戦に対する反応が、もし適切でも十分でも完全でもないならば、そこに摩擦を生じ、争いが生まれるに違いない。この挑戦と反応の間に生じる争いを、われわれは経験と呼んでいる。もし挑戦に対する反応が完全であれば、経験の記憶でなく、経験するという状態だけが存在するという事実に、あなたが気づいているかどうかは知らない。しかし、挑戦に対する反応が適切でなかった場合には、われわれはその経験の記憶にしがみつくことになる。

このことはそれほど難しい話ではないので、悩まないでもらいたい。もう少し検討してみよう。そうすればわかるだろう。いま話したように、ある特殊な段階でなくすべての段階で、人生は挑戦と反応の過程であり、挑戦に対する反応が適切でないならば、そこに必ず争いがあるに違いない。たしかに、そのことははっきりしている。そして、争いは決まって理解を妨げる。争いを通じては、人はどんな問題も理解できない。できるだろうか？　もし、隣人、妻、同僚と絶えず争っていれば、その関係を把握することは不可能だ。争いがなくなったときだけ、理解が可能になる。

ところで、理解は突然起きるのか？　つまり争いは突然収まるのか？　それとも人には無数の争いの経験が必要で、個々の争いを理解することにより、すべての争いから自由になるのか？　つまり、問題を別の角度から見れば、この「理解は突然訪れるのか」という質問の背後に、もうひとつ別の質問が隠されているようだ。つまり、「さまざまな困惑、混乱、争い、主への信仰、再生の信仰、多様な社会などを、あなたは経験してきているが、わたしも同じようにそれを経験してはいけないのか？　あなたもある一定の段階を通過してきているが、自由になるためには、わたしもこういった段階を通過してはいけないのか？」という問いである。すなわち、混乱から自由になるためには、われわれは混乱を経験してはいけないのか？

したがって、質問はこうではないか。「自由になるために、一定の型に従うかあるいはそれを受け容れ、その型に則って生きることによって理解が訪れるのではないか？」たとえば、時あなたはある考えを信仰していたが、いまはそれを脇へ押しやっている。そして自由になり、理解を得ている、と仮定しよう。そこにわたしが現れ、あなたがある信仰によって生きていたが、それを押しやって理解を獲得したのを見て、自分に向かって語りかける。「わたしも、その信仰に従い、これを受け容れよう、そうすれば、いずれ理解に至るだろう」。これは明らかによくないなりゆきである。そうではないだろうか？

大事なことは理解することである。理解は時間の問題だろうか？ けっしてそうではない。もし、何かに興味があるときには、時間は問題にならない。そこでは、あなたの全存在が集中し、完全にそのことに夢中になっている。時間が問題となるのは、結果を得たいときだけである。理解を獲得目標にした場合、時間が求められ、そのとき「ただちに」とか「後になって」といったことが話題になる。しかし、理解はけっしてそれを目指して行なわれるようなものではない。理解はあなたが静かなとき、心が静止しているときに訪れる。そして、心の静止が必要であることがわかったならば、そのとき、ただちに理解が訪れる。

質問者——あなたの言う、真の瞑想とは何なのか？

クリシュナムルティ

では、瞑想の目的は何だろうか？ 瞑想とはいかなる意味か？ あなたが瞑想したことがあるかどうかは知らないが、本当の瞑想がどういうものであるかを発見するために、一緒に経験してみよう。わたしの説明をただ聞くだけでなく、ともに真の瞑想を見出し、経験しようではないか。なぜなら、瞑想は重要なものだからだ。そうではないだろうか？　もし正しい瞑想とはどういうものかを知らなければ、自己を知ることはできないし、また自己を知らなければ、瞑想は無意味である。

部屋の隅に坐したり、あるいは庭や通りを歩いたりしながら、瞑想しようとしても意味がない。それは、ただものを排除する特殊な集中へ導くだけだ。あなた方の何人かは、この瞑想法を実行したことがあるに違いない。つまり、何か特別な対象に集中しようと考え、あちこちさまよっている心を集中するように強制する。そして、それに失敗したら、神に祈るのである。

もし、正しい瞑想がどういうものであるかを真剣に理解したければ、われわれがこれまで瞑想と呼んできたものがいかに贋物であるかを見抜かなければならない。明らかに、集中は瞑想ではない。なぜなら、観察してみると、集中の過程には排除があり、したがって気が散ることがあるからだ。何かに集中しようとすれば、心は別のもののほうへさまよっていく。心を一点に集中させようとするが、一方、心はそれを拒否して方々をさまよいたいために、そこには絶えず争いが生じることになる。そこで、集中しようとして、また集中法を学ぶために何年も費やすことになる。これが誤って瞑想と呼ばれている。

さらに、祈りの問題がある。祈りは、明らかに結果を生んでいる。そうでなければ、何百万という人が祈るわけがない。祈りでは、たしかに心が静かになる。決まった文句を絶えず繰り返し称えることで、心は落ち着き、静かになる。その静寂の中には、ある種の暗示、知覚、反応がある。だがしかし、それも心のごまかしの一種である。なぜなら、結局ある催眠術のかたちで心を静寂にすることができているだけであるから。そしてその静寂において、無意識と顕在意識から、ある隠された反応が生じるのである。しかしそれも、理解のない心のひとつの状態にすぎない。

また瞑想とは、ある思想、心象、原理への没入ではない。なぜなら、心の中のものはやはり偶像崇拝的だからである。人はある像を、それが偶像であるとか、ばかげているとか、迷信だと知りつつ拝んだりはしない。ところが人は、ほとんどの人がそうするように、心の中の像は拝むのである。それも同様に偶像崇拝にすぎない。ある心象、観念、主に対し献身することは、瞑想ではない。それは明らかに、自分からの逃避の一形式である。それはきわめて心を慰める逃避ではあるが、依然として逃避であることには変わりない。

また、修行や自己精査によって有徳になろうとか徳を高めようとする絶えざる努力も、明らかに瞑想ではない。われわれのほとんどは、こういった方法に囚われているが、それは自己認識をもたらさないので、正しい瞑想の方法ではない。

結局、自己認識なくしては、何をもって正しい考え方の基礎にすればいいのだろうか？　自己認識なしで行なわれることはすべて、自分の背景への順応、自分の条件づけへの反応である。そして、そのような条件づけへの反応は瞑想ではない。

しかし、このような反応に気づき、すなわち、いかなる非難の気持ちもなく思考や感覚の動きに気づき、そこで自己の動き、自己の行動様式が完全に理解されること、それが正しい瞑想である。

瞑想は人生からの引退ではない。瞑想は自己認識の一過程である。そして、意識されている自己ばかりでなく、自己の隠されているすべての部分についても、それを理解しはじめることにより、そこに心の静穏さが生まれる。瞑想法、強制、順応によって静かにされた心は、静かとは言えない。心が鈍麻しているのである。それは、機敏で、無抵抗で、創造的受容性をもった心ではない。瞑想には、われわれの存在の隠された部分から表層部分までの状態を表現するあらゆる言葉、思考、感情についての、絶えざる注意と気づきが必要とされる。それは骨の折れることなので、われわれはあらゆる種類の慰めや欺瞞に逃げ込み、それを瞑想と呼んでいるのである。

自己認識が瞑想の出発点であることが理解できれば、この問題は非常に興味深く、重大なものになる。なぜなら、自己認識がなければ、人は自分が瞑想と呼んでいる行為を実行し、自己の原理原則、家族、財産に、依然として執着するだろう。あるいはまた、財産をあきらめ、ある考えに執着し、それに熱中するあまり、ますますその考えを強固にするかもしれない。これは瞑想であるはずがない。したがって、自己認識は瞑想の始まりである。自己認識がなければ、瞑想はあり得ない。自己認識の問題により深く沈潜するにつれ、表層の心が静まり、静寂になるだけでなく、心の隠されたさまざまな層が暴露される。表面の層が静まると、無意識の、意識の隠れた層が現れてその内容を露呈し、暗示を与える。その結果、人の存在の全過程はすっかり明らかになる。

心は極度に静寂になり、静寂なのであって静寂にされたのではなく、報酬や恐怖によって静寂を強いられたのではない。そして、真実在が現われる静けさが生まれる。しかしその静けさは、キリスト教の静けさでも、ヒンドゥー教のでも仏教のでもない。その静けさは静けさであって、それ以外に名前はない。もし、キリスト教、ヒンドゥー教、仏教の静けさへの修行法に従ったとしても、けっして心は静かにはならない。真実在を見出したいならば、キリスト教徒、ヒンドゥー教徒、仏教徒、あるいはそれ以外の集団のいずれであっても、自分の条件づけを完全に放棄しなければならない。

瞑想法や順応によって自分の背景を強化することは、単に心を沈滞させ、鈍麻させるだけである。しかし、どうもわれわれの多くは、それを望んでいるのではないだろうか。なぜなら、一定の型を作り、それに従うほうがはるかに易しいからである。しかし、自己の背景から自由でいることは、関係についての絶え間ない注意を要求する。

ひとたびその静けさが生じると、そこには途方もない創造的状況が出現する。しかし、それは詩を書かねばならないとか絵を描かねばならないといったようなものではなく、それはしてもしなくてもいいのである。しかしその静けさは、追い求めたり、真似したり、模倣したりはできず、もしそうすれば、静けさはなくなってしまう。また、いかなる方法によっても、その静けさに到達することはできない。自己のありようが理解され、自己というものがそのすべての活動や誤りとともに消失したときにのみ、その静けさは生まれる。すなわち、心が創造をやめたとき、創造が起きるのである。

したがって、心は単純に静かにならなければならない。静寂であらねばならない。この「ねばならない」はよくない。心は静寂でなければならないと言うのは強要である。自己のすべての働きが終わったときにのみ、心は静寂になる。自己のすべての振る舞いが理解され、したがって自己の活動が終了したとき、そのときだけ静寂が訪れる。その静寂が真の瞑想であり、その静寂の中に永遠なるものが姿を見せる。

マドラスにて　一九六四年一月二九日

もしよければ、瞑想について話したい。それについて話したいのは、瞑想は人生において最も重要なものだと感じるからである。

瞑想を理解し、それに深く入るには、まず第一に瞑想という言葉と事実を知る必要がある。というのは、われわれのほとんどは、言葉の奴隷だからだ。「瞑想」という言葉そのものは、多くの人々に、ある状況、感受性、静けさ、何かかにか他の達成意欲などを喚起する。しかし言葉はそのものではない。言葉、シンボル、名称は、もしそれが完全に理解されなければ、危険なものである。言葉は障碍として働き、精神を奴隷にする。そして言葉、シンボルへの反応が、われわれのほとんどを行動に向かわせている。それは、われわれが事実そのものについて気がつかないか、意識していないからである。われわれは、自分の意見、判断、評価、記憶を伴って、事実すなわち「そのこと」に向かう。そして、けっして事実すなわち「そのこと」を見ない。このことをはっきりと理解しなければならない。

あらゆる経験、精神のあらゆる状況、「そのこと」、現実の事実、実状といったものを把握するためには、言葉の奴隷であってはならない。しかし、それは最も難しいことのひとつである。事実に名前を与えること、すなわち言葉は、さまざまな記憶を喚起する。そして、このような記憶は、事実に印象を与え、支配し、形づくり、事実への、「そのこと」への道案内を申し出る。したがって、この取り違えにしっかりと気づいていなければならないし、言葉と現実、「そのこと」との間に争いを持ち込んではならない。しかし、それは精神にとって、きわめて困難な作業であり、そこには正確さと明晰さが求められる。

明晰さなしでは、ものをあるがままに見ることはできない。自分の意見、判断、記憶によらず、あるがままにものを見れば、そこには驚くほどの美しさがある。人は混乱なしに、あるがままに木を見るべきだし、同様に、夕方の水面に映る空も見るべきである。言葉に表わさず、シンボル、考え、記憶を思い起こすことなく、ただひたすら見ること。そこには、度外れた美しさがある。美しさは最も重要なものである。美は賞賛であり、全一なるものすなわち自然、人々、考えへの感受性である。もし感受性がなければ、明晰さもないだろう。この二つは一緒であり、同じことを意味している。もし、瞑想とは何かをわかろうとするなら、この明晰さは不可欠である。

混乱した精神、さまざまな考え、経験、欲望のあらゆる衝動に巻き込まれている精神は、ただ争いを増幅させるだけである。真に瞑想状態にある精神は、言葉のみならず、経験や状況に名づけるという本能的反応についても、気づいていなければならない。そして、その状況や経験、それがいかに残酷であり、リアルであり、偽りであっても、それに名前を与えることは記憶を強化するだけである。そして、その記憶を伴って、われわれは次なる経験へと進むのである。

ひとこと言っておくと、ここで話していることを理解することは大変重要である。もしこれがわからないならば、これから先の瞑想に関する幅広い問題を、わたしとともに話し合ってゆくことは不可能だろう。

すでに話したように、瞑想というものは人生における最も重要なもののひとつ、いや、たぶん最も重要なものである。もし、瞑想を行なわないならば、思考、精神、脳の限界を超えることはできない。ところで、瞑想の問題を論じるためには、まず何よりも先に、徳を基礎に据えておかなければならない。ここで言う徳とは、社会から強制された徳、つまり恐怖、貪欲、羨望、賞罰などによって作られた道徳のことではない。そうではなく、自己認識があるときに、自然に、おのずから、何の苦もなく、いかなる争いも抵抗もなしに生まれた徳のことを言っている。自己を知ることなくして、したいことをしてみるといい、それではとても瞑想状態に至ることはない。

「自己認識」とは、あらゆる思考、気分、言葉、感情を知ること、精神の働きを知ることを意味する。「超自我」「大我」といったものは存在しないし、「高次の我」「アートマン」と言ったところでそれは思考の枠内にだけ存在するのだが、自己認識とはこういったものを知ることではない。思想は条件づけから生まれた産物であり、祖先の記憶、あるいは身近な記憶の反応である。そして、自己認識からくる徳を、初めに基礎として深く変更不能なくらいに据えておかなければ、いたずらに瞑想を試みてもそれはまったくのごまかしで、絶対に役に立たない。

真摯な人にとって、このことを理解することはきわめて大事である。なぜなら、もしこれができないなら、瞑想と現実の生活が乖離し、分断されてしまい、その開きが非常に大きくて、たとえ瞑想を行ない、残りの人生すべてを無期限に坐りつづけたとしても、自分の鼻より先は見えないだろう。たとえどんな坐り方をしようが、いかなることをしようが、まったく何の意味もない。

瞑想とはどういうものか調べたいなら——この調べるという言葉をわたしは意図的に使っているのだが——まず、自己認識が生じた際に、自然に、何の作為もなく、努力なしに、容易に起こるこの徳という土台を確立しなければならない。そしてさらに、この自己認識とはいかなるものであるかを理解することが重要である。つまり、記憶の塊の中にその発生源がある「わたし」について、いかなる選択もなしに気づいていることが重要である。ここで気づくという言葉で意味していることを論じたい。気づいているとは、何の解釈もせずに意識していること、ただひたすら心の動きを観察することである。

　しかし観察を通して、何をなすべきかなすべきでないか、何をやり遂げるかやり遂げないか、などといったことを単に蓄積するだけならば、その観察は妨げられる。もし、その観察を実行すれば、自己としての生きた心の動きを終わらせることになる。つまりわたしは、事実、現実、「そのこと」を観察し、見なければならない。しかしながら、もしある考えや意見、たとえば記憶の反応である「わたしは……してはならない」あるいは「わたしは……ねばならない」といったものをたずさえて観察を行なったならば、「そのこと」の動きは妨害され、封じられ、その結果何も学ぶことはできない。

　たとえば、木立の間のそよ風の動きを観察しても、われわれはそれをどうすることもできない。風は凶暴に吹くこともあれば、しとやかに、美しく吹くこともある。見ている人は、風を制御することも、形を整えることも、「心の中にとどめたい」と言うこともできない。風は吹いているだけだ。風を記憶することはあるだろう。しかし風を記憶し、次に風を見た機会に木立に吹く風を思い起こしたとしても、そのときは、過去の風の動きを思い出すだけで、現在の木立の間の風の自然な動きは見ていないのである。したがって、あなたは学んではいない。ただ、すでに知っていることに付け加えているだけだ。したがって知識は、ある段階において、次の段階へ進む障碍となる。

このことをもっとはっきりさせたい。なぜなら、いまわれわれが論じながら求めているのは、完全に明晰であって、いかなる認知行動もなしに、観察し、見、聞くことができるような精神である。

人はまず最初に、このうえなく明晰でなければならず、混乱していてはならない。明晰さは不可欠である。明晰さとは、物事をありのままに見ること、いかなる意見ももたず、「そのこと」を見ること、自分の心の動きを見ること、いかなる目的も意図もなしに、それをきわめて綿密に、詳細に、丹念に観察することである。この観察には驚くほどの明晰さが必要になる。そうでなければ、人は観察できない。たとえば、もしあなたがアリが動き回るようすやそのすべての行動を観察するとして、アリに関するさまざまな生物学的事実をもってそれに当たるならば、その知識が観察を妨害することになる。したがって、ただちに知識が必要なところ、知識が障碍となるところを知ることから始める。そうすればそこに、混乱は生じない。

精神が明晰、綿密であり、深く根本的な判断ができるときには、精神は何事も否認する状態にある。ところが、われわれのほとんどは、物事をきわめて安易に受け容れる。快適さ、安全、希望の感覚などを望み、主人、救済者、導師、賢者などといったまったくくだらない者に救いを求めるものだから、非常にだまされやすい。われわれは自分の心の傾向に応じて、何事も進んで簡単に信じたり、同様に安易に拒絶したりする。

「明晰さ」とは、ある意味では、ものごとを自分自身の内のことのように見ることである。なぜなら、自分自身も世界の一部だからだ。自分自身も世界の活動である。自分自身は、あたかも満ち引きする潮のように、精神の内部で起こった動きが外部に現われ出たものである。世界から離れて、ただ集中し自分を観察するだけでは、孤立やあらゆる形の異端性、ノイローゼ、孤立の恐怖などに陥ることになる。しかし、世界を観察し、世界の動きについて行き、自分の内面のことのようにその動きを制御すれば、世界との間に分裂は起きない。そうすれば、集団に対立する一個人ではなくなる。

そしてその観察には、「探究的」で「注意深く」、また「聞く」と「気づいている」といった両方の感覚がなければならない。わたしは「注意深く」という言葉をそのような意味で使っている。観察の真の機能は探究活動である。人は、もし自由でなければ、探究など行なえない。したがって探究し、観察するためには、そこに明晰さがなければならない。また、自己自身を深く探究するためには、そのたびごとに新たな気持ちで向かわなければならない。つまりその探究において、あなたはけっして成果を得ることはないし、自己の内面への梯子を登ることもなく、また「よし、わかった」と言うこともない。そこには、梯子は存在しない。もし梯子で登ったとすれば、すぐに降りなければならない。そうすればあなたの精神は、観察、注視、聞くことにきわめて敏感になっている。

この観察、傾聴、調査、注視の結果、とびきり美しい徳が現われる。自己認識から生まれたもの以外に徳はない。そしてその徳には活力があり、力強く、活動的であって、あなたが培ってきた死んだような徳とは違う。それが瞑想の土台にならなければならない。瞑想の土台は観察、明晰さと、われわれが言うところの徳である。それは、徳を毎日培うもののように言う考え方とは違う。そんなものはただの抵抗である。

そこから、いわゆる祈りのもつもうひとつの意味を知ることができる。片隅に坐り、特別な対象、言葉、シンボルに対し心を集中しながらの、いわゆる言葉やマントラの反復は、じっくりと瞑想するためのものである。どうか注意しながら聞いてもらいたい。ゆっくりと坐禅の姿勢をとること、あるいは瞑想するために、作為的に、意識的に何かを行なうことは、ただ単に、自分の願望や条件づけという地平で演じていることを意味するだけであって、それは瞑想ではない。

もしよく見れば、瞑想している人々はあらゆる種類のイメージを心に浮かべているという事実が、だれにでも非常によくわかる。人々は、クリシュナ、キリスト、仏陀と出会い、そして何かを得たと思う。キリストに出会うキリスト教徒のように、その現象はきわめて単純ではっきりしている。つまりそれは、その人自身の条件づけ、畏れ、希望、安全への願いなどの投影である。あなた方がラーマやあるいはお気に入りの神と出会うように、キリスト教徒はキリストと出会うのである。

こういったヴィジョンの中に注目に値するものは何もない。それは、恐怖のもとでそのように条件づけられ、訓練されてきた無意識による産物である。少し静かになったときに、そういったヴィジョンがそのイメージ、シンボル、観念と一緒に飛び出してくるのである。ヴィジョン、トランス、映像、観念など、何であれ価値はない。それはマントラ、経文、称名を、繰り返し何度も何度も唱えている人のようなものだ。称名を何度も何度も繰り返していると、明らかに起こることは、自分で心を鈍く、愚かにし、その愚かさの中で心が静かになるということである。

同じように、心を静かにするにはドラッグを使うこともできる。そのようなドラッグも存在している。その静けさの中で、そのドラッグを飲んだ状態で、ヴィジョンを見る。こういったものは、明らかにあなた方自身の社会や文化、希望や怖れの産物であり、真実在とはいかなる関係もない。

祈りもドラッグと同じである。祈る人は、慈善家気取りで寄付をする人に似ている。ビジネスマン、政治家、競争社会のすべてが、平和のために祈っている。しかし彼らは、一方で戦争、憎しみ、敵意を引き起こすためにあらゆることを行なっている。その祈りは意味をもたず、道理が通らない。こういった祈りは、願う資格もないものを願う哀願みたいなものである。なぜなら、あなた方は生きていないし、徳もないからだ。あなた方は、平和で、偉大で、人生を豊かにするようなものを求める。しかし、実際にはそれをぶち壊すような反対のことばかりをして、みすぼらしく、卑しく、愚かしくなっている。

祈り、さまざまなヴィジョンを見、部屋の片隅に姿勢よく坐り、正しく呼吸し、心でいろいろなことをする、こういったことはみな未熟で子供じみている。瞑想というもののすべての意味を知りたいと本当に願っている人にとっては、これは何の意味もない。したがって、瞑想の何たるかを理解する人は、たとえ職を失うようなことがあっても、こういったことすべてを完全に脇に置く。彼は、あなた方みんながやっているように、新しい仕事を得るために、つまらない神にすぐに向き直るようなことはしない。

あなた方は、ちょっとした悲しみや不安があれば寺院に駆け込み、自分を宗教的だと称する！神だの寺院だのに関わらないために、これら全部を完全に徹底的に排除しなければならない。もしこれができたら、われわれは、瞑想とは何かという大きな問いへと歩を進めることができるだろう。

徳のために、観察、明晰さ、自己認識といったものを具えなければならない。徳はいかなるときにも善なるものに花開いている。あなたは、間違いを犯したかもしれないし、醜いことを行なったかもしれないが、それは終わっている。自分自身を知ったがゆえに、善なるものに花開いて活動している。また、そのような土台を据えたので、手を合わせて言葉をつぶやく、いわゆる祈りをやめることができる。そして、経験とは何かについて検討を開始することができるのである。

経験とはどういうものであるかを理解することは非常に重要である。なぜなら、われわれはみな、経験することを望んでいるからだ。われわれは毎日経験している。会社に通い、喧嘩をし、嫉妬したり、羨んだり、また残酷になったり、競争したり、性的になったりする。こうして、人生においてあらゆる種類の経験を、来る日も来る日も、意識するとしないとに関わらず繰り返している。

われわれは、美しさもわずかな深みもなく、また自分のものと言えるようなオリジナルな、新鮮な、透明なものは何ひとつもたず、人生の上っ面で生きている。われわれはみんな、他者を引用し、他者に従い、貝殻のように中身は空っぽの中古の人間である。そしてやっぱり、日常の経験以外のより多様な経験を求めている。そのために、瞑想やあるいは最新のドラッグによって、そのような経験を探し求める。ＬＳＤ25は最新のドラッグで、これを飲むとたちどころに「即席の神秘主義」を手に入れた気分になる。もっとも、わたしは飲んではいないが（笑い）。

われわれは真面目に話している。あなた方は、ほんのちょっとした刺激に笑っただけだが、それでも真面目ではない。自分自身を見ながら、一歩一歩検討してはいない。ただ、わたしの言葉に耳を傾け、言葉に乗ってついて来ているだけだ。そのことは、この講演の冒頭にあなた方に警告しておいたはずである。

一定時間意識を拡張し、感覚を鋭くするドラッグがある。その感受性が高まった状態でものを見ると、たとえば、樹木は無限の広がりの中で、とても驚くほど生き生きとし、光り輝き、鮮やかに見える。あるいは、あなたがもし宗教的な人間だったら、この感受性の高まった状況で、途方もない平和と光の感覚が起こる。あなたとあなたが見ているものとの間の区別が消え、あなたは見ている対象と合一し、全宇宙があなたの一部になる。あなたは経験が人生に意味を与えてくれることを願いながら、より多くの経験、より広くより深い経験を求めるがゆえに、このようなドラッグを欲しがるのである。その結果、ドラッグへの依存が始まる。しかしながら、この種の経験をしているうちは、あなたは依然として思考の領域、知られたものの範囲内にある。

したがって、経験というものを理解しなければならない。経験とは挑戦に対する応答であって、それは反応となる。その反応はあなたの思想、感情、在り様を形づくる。そして、さらに多くの経験を加え、経験をたくさんしたと自分で考える。このような経験の記憶がはっきりしていればいるほど、ますます物事をよく知っていると思うようになる。しかし、もしよく見れば、たくさん知れば知るほど、自分がますます浅薄に、ますます空っぽになっていくことがはっきりする。さらに空虚になったので、あなたはさらなる多種多様な経験を求める。したがって、わたしが先に話したことばかりでなく、ここで述べたような経験に対する異常な欲求についても理解しなければならない。そうしてこそ、次の段階へ進むことができるのである。

どういう種類のものであれ、経験を求める精神は依然として、時間の領域、知られたものの領域、おのれが投影した願望の領域内にある。この話の冒頭で語ったように、作為的な瞑想は幻想を導くだけである。にもかかわらず、こういった瞑想が行なわれている。作為的な瞑想は、あなたをさまざまな形の自己催眠、あなた自身の願望や条件づけが投影したさまざまな形の経験へと導くだけである。そして、このような条件づけや願望はあなたの精神を形成し、思考を制御する。したがって、瞑想の深い意味を本当に理解しようと思うならば、経験の意味がわからなければならないし、また、心は何かを求めることから自由にならなければならない。それは非常に難しいことである。そのことについてこれから話したい。

こういったことすべてを、自然に、自発的に、特別な苦労なしに、基本的なものとして認識したうえで、そこで思考を制御することの意味を発見しなければならない。なぜなら、それがあなたの求めていたものだからである。すなわち、考えを制御すればするほど、ますます瞑想が進んだとあなたは考える。一方わたしにとっては、肉体的、心理的、知的、情的なあらゆる形の制御は有害である。どうか、注意して聞いて欲しい。

「だったら、わたしの好きなことをしよう」と言ってはならない。わたしはそんなことは言っていない。制御とは、支配、抑圧、順応、思想を特定の型に合わせること、などを意味し、それはこの型が真実の発見よりもさらに重要であるということを意味している。したがって制御というものは、抵抗、抑圧、高揚など、どのような形であれ、過去に従ってあなたが育てられた条件づけ、特定の共同体による条件づけ、その他いろいろなものに従って、精神を形づくるのである。

瞑想とは何であるかを理解することが必要である。どうか注意して聞いて欲しい。あなた方が、この種の瞑想をかつて行なったかどうかは知らない。たぶんないだろう。しかし、いま、わたしとともに始めようとしているところだ。この瞑想の道をともに旅し、言葉のうえでなく現実に、言葉によるコミュニケーションが可能な限界までともに進みたい。それは、あたかもドアの前まで一緒に行くようなものだ。あなたはそのドアを通って先へ進むか、あるいは、ドアの手前で立ち止まるかのどちらかである。もし、指摘されたすべてのことを事実として行なっていなければ、あなたはドアの手前で止まるだろう。それはわたしがそう言うからではなく、そうするほうが穏当であり、健康的、理性的で、あらゆる検査、試験に耐えられそうだからである。

さてそこで、あなた方とともに瞑想を行ないたい。作為的な瞑想ではない。そんなものは存在しない。それではない瞑想を行ないたい。それは、何を持ち込もうが、どんな微風だろうが、風が入ってきたいときに入ってくるように窓を開け放しておくのに似ている。しかし、窓を開けたことで、その風が入ってくるのを期待して待つならば、風は絶対に入っては来ない。何かを望むからでなく、愛から、好意から、自由から窓は開けておかなければならない。それが美の境地であり、ものを見るけれども要求はしない、という精神の境地である。

何かに気づいているということは、特別な心の状態である。すなわち、自分の周囲、木々、さえずる鳥、背後の日没に気づき、人々の顔、微笑みに気づき、道路の泥、大地の美しさ、赤い日没に向かって立つヤシの木、水のせせらぎなどに、選ぶことなく気づいていることである。進度に合わせてこれを行なってみて欲しい。小鳥のさえずりを耳にし、それに名前をつけず、種類を見分けたりもせずに、ただひたすら鳴き声を聞くだけである。

同じように、自分の思考の動きに耳を傾け、それを制御せず、形づくろうとせず、「これは正しく、あれは悪い」などと言わないことだ。思考と一緒に動くだけである。それが、選択、非難、判断、比較あるいは解釈といったものがなく、ただ単に観察だけがある気づきの状態である。それは、あなたの精神をきわめて敏感にする。しかし、ものに名前をつけた途端に、あなたは逆戻りし、これまでそうだったように、精神は鈍感になる。

気づきの状態には注意がある。それは、制御や集中ではない。そこには注意がある。すなわちあなたは、鳥の声に聞き入っている、日没を眺めている、静かに立つ木々を見ている、車が通りすぎるのを、わたしが話すのを聞いている。そして言葉の意味に注意し、自分自身の思考と感情に注意し、その注意の動きに注意している。あなたは、境界を設けず、意識的と同時に無意識的にも、あらゆるものに対し注意深い。無意識はより重要である。そこで、無意識に関して検討しなければならない。

わたしは、無意識という言葉を専門用語、あるいはテクニックとして使っているのではない。心理学者が使うような意味で使っているのではなく、あなたが意識していないという意味で無意識という言葉を使っているのである。なぜなら、われわれのほとんどは、心の表層で生きており、会社へ行き、知識や技術を獲得したり、喧嘩をしたりなどしている。

そしてわれわれは、自己の存在の深みにはけっして注意を払わない。その深みは、われわれの共同体、民族の遺産——あなたの人間としての過去だけでなく、人類の過去、人類の不安の過去など、すべての過去が生み出したものである。眠りについたとき、無意識の深い所にあるすべてのものがおのれを夢として投影し、それについてのさまざまな解釈が行なわれる。しかしながら、目覚め、注意深く、警戒しており、傾聴し、気づき、注意している人には、夢はまったく必要ではない。

ところで、この注意は厖大なエネルギーを要求する。そのエネルギーは、修行や禁欲その他から集められたものではない。そんなものはすべて強欲から来るエネルギーだ。わたしは自己認識のエネルギーのことを話しているのである。なぜなら、あなたはもはや正しい基礎を据えているので、そこから注意深いエネルギーが発生するからである。そこには、集中という意味はまったくない。

集中は排除である。あなた方は、近くの通りから聞こえてくる音楽を聞きたいのだが、同時に、わたしの話していることも聞きたいのである。そこで、外の音楽に逆らい、わたしの話を聞こうとする。つまりあなた方は、本当はすべての注意を払っているわけではない。エネルギーの一部をその音楽に抵抗するために使い、あとの一部でわたしの話を聞こうとしている。したがってあなた方は、完璧には聞いていないのであり、注意しているとは言えない。したがって、もし集中するとすれば、それは、ただ抵抗し、排除しているのである。しかし、注意深い状態にある精神は、集中することができ、しかも排他的ではない。

この注意の中から静寂な頭脳が生まれる。それは脳細胞そのものが静かなのであって、静かにさせられたわけでも、そのように訓練されたわけでもなく、強いられたわけでも乱暴に条件づけられたわけでもない。この注意全体が、自然に、おのずから、努力なく容易に生まれ出たものであるがゆえに、脳細胞は悪用されることも硬化することもなく、乱雑で粗暴になることもない。この一連の話をわかってもらいたい。脳細胞そのものが驚くほど俊敏かつ鋭利で、生き生きとしていて、つまり硬化することも、打撃を受けることも、酷使されることもなく、特定の分野の知識を専門とすることもなくて、とびきり鋭敏でないかぎり、脳細胞は静かではあり得ない。

したがって、頭脳は静かでなければならないが、しかしあらゆる反応に対して鋭敏でなければならず、あらゆる音楽にも、雑音にも、鳥の声にも、そしてこの言葉を聞くことにも、日没を眺めることにも、気づいていなければならない。それも、いかなる抑圧、強制、影響力もなしにである。頭脳はとても静かでなければならない。なぜなら静寂なしには、すなわち誘導されたものでも、人工的にもたらされたものでもない静寂なしには、明晰さはあり得ないからである。

また空間が存在するときだけ、明晰さがあり得る。頭脳が絶対的に静かで、しかしきわめて敏感で鈍っていない瞬間には、そこに空間がある。そしてそれが、あなたの日頃の行ないがなぜ重要であるかということの理由である。環境、社会、仕事と専門性、会社で無残に疲弊させられた三、四〇年間の勤務などによって、頭脳は無慈悲になる。こういったもののすべてが、頭脳の途方もない敏感さを破壊するのである。そして、頭脳は静かでなければならない。ここから、頭脳を含めて心全体が完全に不動になることができる。不動な心は、もはやものを求めたり、経験を待望したりはしない。それは、何ものをもまったく経験してはいない。

このことのすべてを理解してもらいたいが、たぶんあなた方はしていないだろう。しかし、それは問題ではない。ただ聞くだけでいい。わたしに催眠をかけられないで、このことの真実に耳を傾けて欲しい。そしてそうすれば、街中を歩いているとき、バスの座席に座っているとき、川の流れや豊かな緑の稲田を眺めているときに、はるか遠くから吹いてくる風のように、知らないうちにすべての理解が起こるだろう。

そこで、心はいかなる抑圧も強制も受けることなく、完全に鎮静する。この鎮静の状態は、思考によって作られたものではない。なぜなら、思考はすでに終焉しており、思考のすべてのメカニズムは終了しているからである。思考は、終わらなければならない。そうでなければ、思考が、さらなるイメージ、観念、幻想をこれでもかこれでもかと作り出すからである。したがって、いかにして思考をやめるかではなく、この思考の全メカニズムについて理解する必要がある。もし、記憶、連想および認識、命名、比較、判断などの反応である思考の全メカニズムがわかったならば、思考は自然に終わりを迎える。そして、心が完全に鎮静したとき、その鎮静の中から、その鎮静の中に、まったく異なる動きが生まれるのである。

その動きは、思考や社会によって創出されたものではなく、あなたが読んだ本も、読んでいない本も影響していない。また、その動きは、時間や経験によるものでもない。なぜなら、その動きには経験がないからである。鎮静した心には、経験というものはない。たとえば、明るく輝く力強い光は、それ以上のものは求めない。光はそれ自身のために輝いているのである。その動きにはいかなる方向もない、なぜなら、方向は時間を巻き込んでるからである。その動きには原因もない。なぜなら、原因をもつものはすべて結果を生み、その結果がさらに原因となり、原因と結果の無限の連鎖を生むからである。したがってそこには、結果も、原因も、動機も、経験しているという感覚もまったくない。なぜなら、心は完璧に静かで、自然に静かであり、基礎を据えているので、生に直接につながっており、日常生活から遊離してはいない。

もし心がそれをうまく実行できれば、その動きは創造である。そこでは、表現の心配はない。なぜなら、創造状態にある心は、表現するもしないも自由だからだ。完全に沈黙状態にある心は、動いていく。未知なるもの、名づけられないものの中へ動くのである。

したがって、あなたが行なう瞑想は、われわれが話している瞑想とは違う。この瞑想は、その基礎を時間ではなく、真実在のうえに置いているので、永遠から永遠に至るのである。

マドラスにて　一九七四年一二月一五日

　思考が神聖としてしまったものは、聖なるものではない。それは、人生に意味を与えるために作られた言葉にすぎない。なぜなら、あなた方が送っている人生は聖なるものでも、神聖なものでもないからだ。「神聖な（holy）」という言葉は、「全体（whole）である」に由来しており、健康な、健全なといった意味で、この語にはそのようなすべての意味が含まれている。思考によって機能している心は、いかに聖なるものを見たいと望んでも、時間と断片化の領域内で活動しているにすぎない。そういった心は、断片化されることなく、全体であり得るだろうか？このことを明らかにすることは、瞑想とは何かを理解することのすべてである。

　心は進化や時間の産物であり、また無数の影響や痛み、多くの苦労、深い悲しみ、大きな不安の産物でもある。心はまた、生まれながら断片的である思考の結果としてできたこれらすべてに囚われている。このような思考の結果である心が、思考の動きから自由になれるだろうか？心は完全に非断片的になることができるだろうか？　あなたは人生を全体として見ることができるか？　心は、ひとつの断片すらないという意味で、全体となり得るだろうか？　それゆえ、そこに勤勉さが登場する。心は、それが勤勉であるとき全体となり、それは、気を配り、大きな愛情と大きな愛——男女間の愛とはまったく異なる愛をもつことである。

全体である心は、注意深く、したがってすべてに気を配り、深い永続的な愛という感性を具えている。あなたが瞑想とは何かを探りはじめるときに出会うのは、このような全体としての心である。そこで初めて、われわれは聖なるものの発見に旅立つことができる。

どうか耳を貸して欲しい。それはあなた方の人生のことだからだ。これまでとは違った生き方を見つけることに専心してはどうか。つまり、心がすべての抑制を捨て去ることだ。それは、自分の好きなことをしたり、また、あらゆる欲望、あらゆる淫らな思いつきや反応、あらゆる快楽、快楽追求のあらゆる欲求に、身をゆだねたりすることを意味しているのではない。そうではなく、一片の抑制もなく毎日を送れるかどうかを見きわめることを意味しているのである。

それは、瞑想の一部分である。ということは、人はこの注意という資質をもたなければならない。この注意力が、思考のいるべき場所についての洞察をもたらし、思考というものが断片的であって、抑制があるところには支配する側と断片的な支配される側がいることがわかる。したがって、ひとつとして抑制の存在しない生き方を見つけるには、膨大な注意と大変な訓練が必要である。

ここで言う訓練とは、あなた方が慣れ親しんでいるような単なる抑圧、支配、順応などではなく、学ぶことを意味している。訓練（discipline）という言葉は弟子（disciple）からきている。弟子とは学ぶためにいる。いまや、ここには師もいなければ、弟子もいない。もし学ぼうとするなら、あなたが師であり、同時に弟子でもある。学ぶ行為そのものから、それ自身の秩序が生まれるのである。

いまや思考は、自己自身の居場所、正しい居場所を見つけた。その結果、物質的な過程としての思考の動きは、もはや心の負担にはならなくなった。それは、心は完全に静寂になったことを意味する。心は、おのずから静寂であって、静寂にされたわけではない。静寂にされた心は不毛である。偶然の静寂、静寂そのもの、空っぽの状態の中で、新しいことが生起することができる。

抑圧なしに、思考の動きなしに、心、あなたの心は、完全に静寂になれるだろうか？　もし思考に正しい居場所をもたらすような洞察力を本当にもつならば、心は自然に静寂になるだろう。すなわち思考は本来のいるべき場所にいて、したがって心は静寂である。ところで、あなた方は沈黙と静寂という言葉の意味がわかっているだろうか？（ドラッグによって、またマントラや経文を称えることで、心を静寂にできることは知っているだろう。規則的に繰り返し何度も称えることで、心は自然に静寂になるだろう。しかし、そのような心は、鈍く、愚かなものである）。

二つの騒音の間に、また二つの音の間に、沈黙がある。二つの思考の動きの間にも沈黙がある。小鳥たちが音を立て、さえずり合っているが、やがて寝静まると、そこには夕方の沈黙がある。また、木の葉がそよともせず、微風もないとき、そこには絶対的な静寂がある。街中ではなく、自然の中に出ているとき、林の中や、川の土手に腰を下ろしているとき、沈黙が地上に降りてきて、あなた自身もその沈黙の一部分となる。そのように、沈黙にもいくつもの種類がある。

しかし、われわれがここで話している沈黙、すなわち心の静寂は、買うことのできないものであり、訓練されるものでもなく、また、醜い生活への償いや報酬として手に入るようなものでもない。それは、醜い生活が善なる生活に転換したときにだけ――善なるとは豊かさではなく、善意の生き方を言っているのだが――善なるもの、美なるものが開花したときにだけ、その沈黙が訪れる。

また、さらに美とは何かと問わなければならない。美しさとは何であろうか？　かつてこのような問いを検証したことがあるだろうか？　あなた方は、本の中にその答えを見つけ、本ではこう言っていると、わたしやお互いに語るつもりか？　美とは何だろうか？　あなた方はそこに坐っていて、さきほどの日没を見ただろうか？　話しているわたしの背後に日が沈んだが、それを見ただろうか？　その光や木の葉に当たった光の荘厳さを感じただろうか？　それとも、美しさは感覚的なものであって、聖なるものを求めている心が美にまどわされたり美と関わったりすることはあり得ないと考え、自身が善いと考えたものの投影であるちっぽけなイメージだけに目を向けるのか？

もし、瞑想とは何であるかということを発見したいならば、美とは何かを理解しなければならない。顔の美しさ、性格の美しさ（性格とは環境への反応に依存した取るに足りないもので、その反応を育成したものが性格と呼ばれている。したがって、性格の美しさはない）、動きの美しさ、振る舞いの美しさ、内的な美しさ、歩き方、話し方、所作の美しさ。これらはすべて美しく、その美しさなしには、瞑想は単なる逃避、償い、無意味な行為となる。

また、質素さの中にも、大いなる厳格さの中にも美がある。しかしその厳格さは、遊行者のそれではなく、秩序ある心の厳格さである。あなたが生きている世界のあらゆる無秩序を理解した暁に、秩序が生まれ、また無秩序の中から徳である秩序が自然に出てくる。したがって徳や秩序は最高に厳格なものであり、それは、一日に三度の食事をやめることや断食すること、あるいは頭を剃るといったたぐいを行なうことではない。

秩序があり、その秩序には美しさがある。また、愛、同情にも美しさがある。さらに、清潔な通りや建物の見事な造形、樹木や可愛らしい木の葉、すばらしい大枝などにも美しさがある。単に美術館を訪れ、美について長々と語り合わなくても、こういったものすべてを眺めることも美である。静かな心の沈黙がこういった美しさの本質である。心が沈黙し、思考のおもちゃになっていないので、その沈黙の中に、不滅なもの、聖なるものが現われる。聖なるものの出現によって、人生も聖なるものとなり、あなたの人生、われわれの関係もまた聖なるものとなる。あなたが聖なるものに触れたために、あらゆるものが聖なるものとなる。

さらに瞑想において、永遠なるもの、時間を超えたものが存在するのかしないのかを見出さなければならない。つまり、時間の領域で育成されてきた心は、永劫なるものを見出し、出会い、理解することができるだろうか、という意味である。それは、心は時間がなくて存在することができるのか、ということでもある。ここからあそこへ、あるいはどこかへ行くには、時間が必要であるが、時間の中で作動し、心理的でなく物理的にここからあそこへ移動しているその同じ心は、時間がなくても存在することができるのだろうか、つまり、過去も現在も未来もなくて、心は存在できるのだろうか、ということである。

心は、絶対的な無の境地でも存在し得るのだろうか？　この表現に驚かないで欲しい。心は、空っぽになったために巨大な空間を獲得したのである。あなたは、自分の心の中にいくらか空間があるかどうか、のぞいて見たことはあるだろうか？　ほんの少し、小さな空間しかなかったか？　あるいは、そこはあれこれ混んでいただろうか？　たとえば、自分の心配事、セックスあるいは禁欲、達成、知識、野心、怖れ、不安、取るに足りないがらくたなどで詰まっていただろうか。そのような心が、絶対的な無の境地を理解し、そこに存在し、巨大な空間を獲得するようなことが、どうしてできるだろう?

空間はつねに巨大である。日常生活において、空間をもたない心は、永遠、時間を超えたものに出会うことはできない。それが、瞑想がとてつもなく重要なものとなる理由である。その瞑想は、みながみな行なっているような瞑想ではない、そんなものはまったく瞑想ではない。ここで話している瞑想は、心を変容させる瞑想のことである。それができるのは宗教的な心だけだ。異なる文化、異なる生活法、異なる関係、そして聖なる感覚をもたらし、したがって大いなる美しさと誠実さなどをもたらすことのできるのは、そのような宗教的な心だけである。こういったことすべてが、自然に、苦労せずに、争いなしに実現するのである。

『クリシュナムルティのノートブック』より

一九六一年七月二〇日

祝福がいっぱいに広がり、部屋を満たした。それに続いて起こったことは、言葉ではほとんど表わせない。なぜなら、言葉は意味が決まっており、死物同然だからだ。そこで起こったことは、あらゆる言葉、描写を超えるものだった。それはいっさいの創造の中心であり、人間の頭脳のすべての思想や感情を洗い流す浄化力のある厳粛さであった。その厳粛さは、ものを破壊し、焼きつくす稲妻のようなもので、その奥行きは測り知れず、それは動かしがたく、侵しがたく、天界の明るさのように充実していた。それは眼の中にも、息の中にもあった。眼の中にあって、眼で見ることができた。それを見ている眼は、同じ眼なのだが、感覚器官としての眼とはまったく違うものだった。そこには、ただ見るという行為と、時空を超えたものを見る眼だけが存在していた。

そこにはすべての動きと行為の本質である侵し難い威厳と平和があった。それは人間のあらゆる徳と容認を超越しており、いかなる徳も接触できないものだった。そこには、非常に壊れやすい愛があり、そしてまた、脆弱で、壊れやすいすべての新しいものがもつ繊細さがあり、それにも関わらずこれらすべてを超えていた。それは、不滅で、名状しがたく、未知のものであった。いかなる考えもそれには及ばず、いかなる行為もそれに触れることはできなかった。それは「純粋」で、触れられることなく、永遠に死んだように美しかった。

このようなことすべてが頭脳に影響を与えたようで、頭脳はそれ以前のようではなかった。(思考は取るに足りず、必要ではあるがつまらないものである)。このようなことのために、心の関係が変化したようである。あたかも、猛烈な嵐や破壊的な地震などが、川の流れを新しくしたり、土地の風景を一変させたり、大地を深くえぐったりするように、そのことは思考の輪郭を解体し、心の姿を変えてしまったのである。

一九六一年七月三〇日

空は曇り、暗い雲が重く立ちこめていた。朝方には雨があり、冷え込んできた。散歩のあと立ち話をしていたが、それよりも、大地や家並みや黒ずんだ木々の美しさを眺めていた。

そのとき突然、身体を粉々にするような近づき難い強い力がひらめき、身体が凍りついて動けなくなり、気を失わないように目を閉じなければならなかった。それは、完全にすべてを打ち砕くようなもので、そこにあったあらゆるものが存在していないように思われた。その力のもつ動かしがたさと、それとともに起こった破壊的エネルギーは、視覚と聴覚の限界を壊してしまった。それは、その高さも奥行きもうかがうことができないほどの、言いようのない巨大なものだった。

今朝方早く、夜が明けかかった頃、空には雲ひとつなく、雪をいただく山々がちょうど見えだしていた。眼と喉のあたりに、あのうかがい知れない力を感じて目が覚めた。それは、触れることができるようであり、しかしそこにあるはずもないもののように思われた。それは一時間ほどそこにとどまっており、そのとき頭は空っぽになっていた。それは、思考によって捉えたり、思い出すために記憶にとどめたりできるようなものではなかった。それはそこに存在し、すべての思考は死滅していた。

思考というものは働くものであり、思考はその領域内でしか役に立たない。思考は、その出来事については考えることができなかった。なぜなら、思考は時間であり、一方、それはすべての時間と計測を超越していたからである。そのとき、思考と欲求はまったくなくなっていたので、そのことの継続や反復を求めることはできなかった。では、こうしてこれを書くように記憶していたのは何だったのか？　これは単なる機械的な記録であり、記録、言葉はそのことそのものではない。

一九六一年八月一八日

夜中はほとんど雨で、かなり冷えてきた。丘や山の高みにはかなりの新雪が積もり、身を切るような冷たい風が吹いていた。緑の牧草地はめずらしいほど輝き、その緑が沸き立っていた。一日の大半、またも雨が続き、午後遅くなってようやく上がりはじめ、太陽は山の間からのぞいていた。われわれは、濃い緑の牧草地の中にある農家を取り巻いて村から村へ通じている道に沿って歩いた。重い電線をかついだいくつもの鉄塔が、夕空に向かってびっくりするように立っており、流れゆく雲に抗してそびえ立つ鉄塔を見上げると、そこに美しさと力強さが感じられた。

木製の橋にさしかかり、全部の雨水をいっぱいに飲み込んだ川は、山の流れ特有のエネルギーと力をもって速く流れていた。岩と木々の土手でしっかりとはさまれたその流れを、上流から下流へと見渡しながら、過去、現在、未来という時の流れに気づいた。ちょうどこの橋は現在にあたり、すべての生はこの現在を通過して行き、生きるのである。

しかし、こういったものすべてを超越した彼方に、雨に洗われた雪解けの小道に沿って、別世界、つまり人間の考えや活動や終わりのない悲しみなどのけっして触れることのできない世界がある。この世界は、希望の産物でも信仰の産物でもない。そのとき、それには十分には気づいていなかった。そこには観察し、感じ、匂いを嗅ぐことができないほど、あまりにも多くのものがあった。たとえば山の向こうの雲と淡い青空、その中に輝く太陽、燃え立つ緑の牧草地の上の夕日、農家の周りの牛小屋や赤い花の匂い。この別世界は、けっして小さなものも見逃さず、こういったものすべてをおおっていた。ベッドの中で目覚めていると、それが注ぎ込まれ、胸がいっぱいになった。そこで、その微妙な美しさ、パッション、愛に気づいたのである。

それは、イメージの中に秘匿されるような、シンボル、絵画、祈りの言葉などによって喚起された愛でもなければ、羨望や嫉妬におおい隠された愛でもない。それは、思想や感情の終わりのないよじれた動きから自由になった愛である。その美しさは自己放棄したパッションとともにある。そこに厳粛さがなければ、美しさのパッションもない。厳粛さは、犠牲、抑圧、訓練を通じて用心深く集められた心が関与できるようなものではない。これらはすべて、自然に終息しなければならない。というのは、それは別世界にとっては意味がないからである。その別世界性は、測り知れないほど豊壌に注ぎ込まれたのである。この愛は、中心も周辺もない、まったく完全で欠点がなく、そこには影がなく、いつでも壊すことができる。

われわれは絶えず外側から内側を見ている。知識から、さらなる次の知識へと進む。絶えず知識を追加しており、知識を取り除くことは、まさに他の知識を追加することである。そして、われわれの意識は、無数の記憶や認知からできている。それは、たとえば揺れる木の葉、花、通り過ぎる男、広場を駆け抜ける子供などを意識していること、岩、川の流れ、赤く輝く花、豚小屋の悪臭などを意識していることである。これらの記憶や認知、外的な反応から、われわれは心のひだやより深い動機や欲求を認識しようとし、心の広大な深部へさらに深く探りを入れるのである。しかし、この挑戦と反応、隠されまた公にされた活動を経験し認知する動きの全過程、これはすべて時間に縛られた意識である。

コーヒーカップは、形、色、デザインだけを言うのではなく、その中の虚ろさもまたカップである。カップは、いわばひとつの形で包まれた虚ろさである。その虚ろさがなければ、カップも形もないだろう。同様にわれわれは、外側に現われたサイン、高さと奥行きの限界、思想と感情などにより、意識というものを知る。しかし、これらはすべて意識の外形である。外側のものから、内部を知ろうとしているのである。それは可能だろうか？　理論や思索は意味がなく、それは、現実にはすべての発見を妨害している。われわれは、外部から内部を知ろうとしており、既知のものから未知のものを発見できるのではないかと調べている。

反対に内部から外部を調べることは可能だろうか？　われわれは、外部から調べる手段に関しては知識がある。しかし、未知のものから、すでに知られているものを調べるような手段があるだろうか？　存在するだろうか？　どうして存在できるのか？　そんなものはあり得ない。もしそんなものがあれば、それはそれと識別できるし、もしそれが識別できるならば、それは既知の領域の中にある。

あの不思議な至福は、それが望むときに訪れる。しかし訪れるたびに、その深い内部において転換が起こり、それはけっしていつも同じものではない。

一九六一年八月二一日

再び、透明な、陽光の降り注ぐ日が続き、長い影がさし、木の葉は輝いていた。山々は静かでどっしりしており、近くに見えた。空は驚くほどに青く澄みわたり、雲ひとつなく、穏やかだった。影が地上いっぱいに広がっており、影のための朝だった。小さなものや大きなもの、長く細いものや太く満ち足りたもの、うずくまった地味なものや愉快な妖精のようなものなどさまざまだ。農家や作業小屋の屋根は、新しいのも古いのも大理石を磨き上げたように輝いていた。木立や牧草地の中では、大いなる喜びに歓声が上がっているようだった。こういったものすべては互いのために存在しており、その上方には、人間が苦悩と希望によって作った天国ではない、本当の天国があった。

そして、地上には膨大で華麗な生命があり、あらゆる方向に向かい、脈打ち、伸びようとしていた。それはつねに若々しく、つねに危険な生命である。生命はけっしてじっとしてはいず、無関心で、ひとつの痕跡も残さず、何も尋ねず要求もせず、地上を動き回った。それは、影もなく、死滅することもなく、あふれかえっている。それは、どこから来て、どこへ行くのかについても無頓着だった。それがどこにあっても、生命は存在し、時間と思考を超えていた。それは驚くべきもので、自由であり、輝き、底知れない。それは閉じ込められてはならず、それが閉じ込められたところ、礼拝堂、市場、家庭などでは、腐敗と堕落、そして絶えざる改変があった。それは、単純で威厳があり戸惑わせた。その美しさは、思想と感情を超えている。それはあまりにも膨大で、比べようもなく、天と地とそして、はかない命の草の葉までを満たしている。それは、愛と死とともにある。

森の中は涼しく、数フィート下方には小川が音を立てて流れていた。一度も地面のほうへ向くことなく、松の木々が空へ向かって伸びていた。すばらしい松で、黒リスがきのこを食べながら、追い掛け合い、幹の狭いらせんを上がり降りしていた。また、コマドリかそれに似た鳥が一羽いて、上に下に飛び交っていた。冷たい山水の流れの音を除けば、そこは涼しく静かだった。

そして、そこにそれがあり、それは愛、創造、破壊であり、それはシンボルでもなく、思想や感情の中でもなく、具体的な実在としてそこにあった。あなたは、それを見ることも感じることもできなかったが、しかしそれはそこに存在し、驚くほど巨大で、数万もの力をもち、しかも最も弱い力しかもっていなかった。それはそこに存在し、頭脳も身体もあらゆるものが静止していた。それは至福であり、心はその一部であった。

その深みには限界がなく、その本質は時間と空間を欠いている。人はそれを経験することはできない。経験は安っぽく、簡単に手に入るが、また簡単に逃げてゆく。また、思考もそれを捉えることはできず、感情もそこには届かない。思考や感情といったものは、つまらない未成熟なものである。成熟とは、時間の問題ではなく、年齢のことでもなく、また影響や環境によってもたらされるものでもない。それを買うことは不可能であるし、また書物によっても、教師や救済者も、一人でも多人数によっても、成熟をもたらす適切な土壌を用意することはできない。

成熟はそれ自身が目的ではない。成熟は、思考が醸成することなく、気づかないまま、瞑想することもなく、知らないうちに起きるものである。また、人生においてできあがる成熟もあるに違いないが、それは、病気や混乱、悲しみや希望によって生み出されたものではない。絶望や労働は、この完全な成熟をもたらすことはできないが、それでも成熟は求められることなくして、そこに存在するに違いない。

この完全な成熟には厳粛さがある。それは深い後悔から生まれたものではなく、俗世間の道徳、神々、尊敬、希望、価値といったものに対する何気ないたたまたまの無関心である。ここにあげたようなものは、すべて否定されなければならない。なぜなら、この厳粛さは、独りであることとともに生じるからだ。社会や文化は、この独りであることに影響を与えたり、接触したりすることは不可能である。しかしながら独りであることは存在しなければならず、それは時間と影響の産物である頭脳によって思い起こされたものではない。それはうかがい知れないところから、雷鳴のように出現するに違いない。そしてそれなしには、完全な成熟はあり得ない。

孤独とは――それは自己憐憫や自己防衛の本質であり、また孤立した生活、神話や知識やアイデアに基づく生活の本質であり、独りであることからはほど遠い。孤独においては、一緒になろうとする試みと別れようとする試みが際限なく続く。一方、独りであることにおいては、すべての影響が終息している。厳粛さの本質は、この独りであることにある。

一九六一年八月二二日

あたりには、耐え難いほどの広大さ、激しく強烈な感覚があった。それは、非現実的な想像ではなかった。想像は、真実在があれば消えてしまう。想像は危険で、妥当性がなく、事実のみが妥当性をもっている。空想や想像は楽しいが、ごまかしのもので、ともに完全に放逐されなければならない。神話、空想、想像のあらゆる形態は理解されるべきであるが、しかし、理解が正しく行われたならば、その神話などの意義は失われてしまうに違いない。

それはそこにあり、瞑想として発足したものは終わっていた。真実在がそこにあるというのに、瞑想にどんな意味があるだろうか！　真実在を出現させたのは瞑想ではなく、何ものも真実在を導き出すことはできない。それは瞑想があるにもかかわらず、そこに存在した。しかし必要なのは、非常に敏感で用心深い頭脳であり、それは道理や非道理についてのみずからのおしゃべりを、完全に、自発的に、簡単にやめた頭脳である。それはとても静かになり、解釈や分類を行なうことなく、見たり聴いたりするようになった。それは静寂であり、それを静かにさせる実体もその必要性もなかった。頭脳はまったく動かず、しかもちゃんと働いていた。その広大さが夜を満たし、そこには至福があった。

それは、いかなるものとも何の関係もなかった。それは形をとったり、変化したり、主張しようとすることもない。それは、影響を与えることもなく、したがって、容赦がなかった。それは善行を行なうことなく、改善することもない。尊敬に値することもなければ、むしろきわめて破壊的であった。それは愛であるが、しかし社会が培うような苦痛に満ちた愛ではなかった。それは生命活動の本質だった。それはそこにあって、容赦がなく、破壊的であり、春の若葉のような新しいものだけが知っている優しさをそなえており、あなたに語りかけるだろう。そして、そこには測り難い力強さがあり、創造だけがもっている力があった。そして、万物は静まりかえっていた。丘のうえにあった星がいまや中天にまで移動して、みずからの孤独に輝いていた。

ニューデリーにて　一九五六年一〇月三一日

質問者――どうすれば、このくたびれた人生に意味を与えてくれる神に出会えるのか？　もし、神に出会えなければ、生きることの目的は何だろうか？

クリシュナムルティ

人生をじかに理解することができるだろうか、あるいは、人生に意味を与えてくれるような何かを経験すべきだろうか？　あなたはこの意味が理解できるだろうか？　美しさを讃えるには、美の目的が何であるかを知らなければならないだろうか？　愛には原因がなければならないだろうか？　そして、もしそこに愛する原因があったなら、それは愛と言えるだろうか？

人生に意味を与えてくれるような経験をしなければならない、と質問者は言っているが、それは、彼にとって人生そのものは重要ではないということを意味している。そこで彼は、神を探すことによって、人生、悲しみ、美しさ、醜さ、怒り、狭量、嫉妬、権力欲などから、また、生きることのとてつもない複雑さから、じつは逃避しているのである。こういったものすべてが人生であるが、彼はそのことがわからないのである。そこで彼は言う「人生に意味を与えてくれるような何かすばらしいものを見つけたい」と。

どうかわたしの話を聞いて欲しい。しかし、言葉や知的な面だけに囚われないでもらいたい。なぜなら、それはほとんど意味がないからだ。あなた方はこの話題すべてについて、いくらでも話すことができるだろうし、ありとあらゆる聖典を読むこともできる。しかしそういったものは、あなたの人生や日常の経験には関係ないので、価値がないだろう。

われわれの生活とは何だろうか？　われわれが生存と呼んでいるものは、いったい何だろうか？　きわめて単純に、哲学的でなく言えば、それは快楽と苦痛という経験の繰り返しである。そしてわれわれは、快楽を確保しつづけ、一方で苦痛を避けようと望む。権力をもち、大いなる世界における大いなる男という快楽、自分のささやかな妻あるいは夫を支配する快楽、一方、苦痛、欲求不満、恐れ、野心に伴う不安、重要人物に対するへつらいの醜さ等々、これらはすべてわれわれの日常生活の内実である。

すなわち、われわれが生活と言っているものは、すでに知られている領域内での一連の記憶のことである。そして、心がその知られたものから自由でない場合には、その知られたものが問題となる。心は、知識、経験、経験の記憶、そういった知られたものの領域内で機能しながら、「わたしは神を知らねばならない」と言う。みずからの慣例に従い、アイデア、条件づけに従って、心は「神」と呼ばれる存在を映し出す。しかし、その存在、その神は、知られたものの結果であり、依然として時間の領域内にある。

既知の世界から心が完全に自由になったときだけ、明確さ、真実性、真の経験を伴って、神が存在するか否かを理解することができる。神あるいは真理と呼ばれるものは、まったく新しく、認識不可能であるに違いない。知識や経験、考えや積んできた徳を通してそれに接する心は、既知の世界にありながら、未知のものを捉えようとする。しかしそれは不可能である。心にできることのすべては、既知の世界から心を自由に解放することができるかどうか、を問うことである。

知られたものから自由になるということは、過去のすべての影響、伝統のあらゆる重みから完全に自由になることである。心そのものは知られたものの産物であり、時間によって、二元性の争いである「我」と「非我」として作り上げられている。もし知られたものが、意識的と同時に無意識的に完全に消滅すれば――論理的ではないが、それがなくなる可能性はあるとわたしは言明する――そうなれば、そのような心はそれ自身が測り難くなっているので、あなたは、神が存在するかどうかなどとけっして尋ねないだろう。愛に似て、その心も不滅である。

カリフォルニア州オーハイにて　一九五三年七月五日

心の全内容——すなわち、心が行なう否定、抵抗、訓練活動、安全に対するさまざまな努力、思考のすべての条件と限界など——を知ることができたら、統合過程にある心は、完全に自由となり、永遠なるものを見出すことができるのだろうか？　なぜなら、その発見がなければ、その真実在を経験することがなければ、われわれが抱えているすべての問題は、その解答どもさらに悲惨になり悪化するだけだからである。そうなることは明白であって、日常生活において確認することができる。個人的にも、国家的にも、国際的にも、あらゆる活動においてわれわれはますます多くの間違いを増殖させており、心が完全に自由なときにだけ経験可能な宗教的段階を経験しないかぎりは、そのことを避けることはできない。

これを聞いたのち、たとえたったの一秒間でも、その自由について知ることができるだろうか？　わたしがそれを示唆しているからという理由だけでは、あなたはそれについて知ることはできないだろう。なぜなら、それはいかなる含蓄もない単なる考え、意見に過ぎないように見えるからだ。しかし、もしあなたが非常に真剣にわたしの話を聞いていたなら、話は別である。あなたは、自分の思考過程、その方向、目的、動機について気づきはじめ、心がもはや探究し、選択し、達成のために頑張ることには絶対にならない境地に至ることにも気づくだろう。その全過程について認識したならば、心はいかなる方向、意欲、意志の働きもなく、驚くばかりに静かになる。

意志は依然として欲望である、そうではないだろうか？　世俗的な意味での野心家は、何かを達成し、成功し、有名になりたいという強い欲望をもち、おのれの自尊心のために意志を働かせる。同様に、われわれも、徳を高め、いわゆる霊的状態を達成するために意志を働かせる。しかし、わたしが話していることは、これとはまったく違う。そこにはいかなる願望も、逃避のためのいかなる行動も、あれこれであるべきだとするいかなる強迫観念もまったくない。

あなた方は、わたしの話すことを吟味しつつ、理性を働かせている。そうではないか？　しかし、理性が導くのはある程度までで、それ以上は進めない。われわれは明らかに、物事をとことん追究する能力である理性を駆使し、それを途中でやめてはならない。しかし、理性がその限界へ到達し、それ以上進めなくなったとき、心はもはや、理性、悪だくみ、計算、攻撃や防御の道具ではなくなる。なぜなら、われわれの思考や争いが生じるまさにその中心が消滅したからである。

いまあなた方はこのことを聞き、日常のさまざまな活動における瞬間瞬間に、自分自身をしっかりと気づきはじめている。心は、その逸脱、抵抗、信念、追求、野心、恐怖、達成への衝動も含めて、おのれ自身について知りつつある。心は、こういったことすべてに気づき、たとえ一瞬だけでも完全に不動となり、自由のある静寂を知ることはできないのだろうか？　そして、静寂という自由があるとき、心そのものが永遠なるものではないのだろうか？

未知なるものを経験するためには、心そのものが未知なるものでなければならない。ところが心は、これまでのところは既に知られたものの結果である。あなたの内実は、知られたもの、すべての厄介ごと、虚栄心、野心、痛み、充足感、欲求不満などの単なる寄せ集めにすぎないのではないのか？　それらはすべて知られたもの、時間と空間において知られたものであり、心は、時間や知られたものの領域内で機能しているかぎり、未知なるものにはなれない。心は、既知なるものを経験し続けることができるだけである。このことは、複雑なことでも神秘的なことでもない。われわれが日常経験する明らかな事実を語っているだけだ。知られたものを背負いつつ、心は未知なるものを見出そうとしている。そんなことができるだろうか？

われわれはみんな神について語る。あらゆる宗教において、またあらゆる教会や寺院において、神という言葉が使われている。しかし、それはつねにすでに知られたもののイメージである。教会、寺院、書物のすべてに別れを告げ、それを超えて、真実を発見する人はきわめてわずかである。

現在のところでは、心は、時間と知られたものの結果であり、そのような心が発見に着手しても、すでに経験済みのもの、知られたものを見つけることができるだけである。未知なるものを発見するには、心は、知られたものや過去から完璧に自由にならなければならない。すなわち、のんびり分析するのでもなく、また過去をひとつひとつ詮索するのでもなく、あらゆる夢や反応を解釈することによってでもなく、そこに坐ったまま、このことすべてを完全に、即時に見通すことで、自由にならなければならない。

心が時間や知られたものの所産であるかぎり、それはけっして未知なるもの、神、真実在、あるいはあなたが望むものを発見することはできない。それについての真実を発見すれば、心は過去から自由になる。しかし、過去から自由になることが、自宅への帰り方を忘れることであるかのような、早まった解釈をしてはならない。それは健忘症である。それを子供じみた考えに引きずり下ろしてはならない。しかし、知られたものを背負っているかぎり、真理、未知なるものの驚くべき境地については知ることができないのだ、という真相を知った瞬間に、心は自由になる。

知識、経験とは、「わたし」、自我、自己が集まった集積である。したがってすべての知識は停止され、すべての経験は破棄されるべきである。そして自由の静寂が現われたとき、心そのものが永遠なるものではないか？　そのとき、真実であるまったく新しいものを経験しているのだから、それを経験するためには、心もそれでなければならない。しかし、心が真実在であるとは言わないでもらいたい。それはそうではない。心は、それが時間から完全に自由になったときだけ、真実在を経験できるのである。

こういった発見の全過程が宗教である。たしかに、ここでいう宗教はあなた方が信じているものとは違っている。それは、あなたがキリスト教徒、仏教徒、イスラム教徒、ヒンドゥー教徒であっても、まったく無関係である。そのことは重要ではなく、むしろ障碍である。真実を発見しようとする心は、そういったものすべてを脱ぎ捨てなければならない。

新しくなるには、心は独りでなければならない。永遠なる創造となるためには、心自体がそれを受け容れる状態でなければならない。自身の心労や争い事でいっぱいになっているかぎり、知識を背負い込んで心理的閉塞状態でいるかぎり、心は自由に真理を受け容れたり、理解したり、発見したりすることはけっしてできない。

本当の宗教的人間は、信仰、ドグマ、祭式などで身を固めてはいない。彼は、信仰などももたず、一瞬一瞬を生きており、けっして経験を蓄えることもなく、したがって、彼は唯一の革命的な存在である。真理は時間的に続くものではなく、それはあらゆる瞬間に新たに発見されなければならない。経験を集め、保持し、尊ぶような心は、一瞬一瞬新しい真理を発見しつつ生きることはできない。

真に真面目で、知ったかぶりでなく、それをもてあそんだりしないような人は、人生にとってきわめて重要である。というのは、彼ら自身のためばかりでなく、おそらく他の人の光明ともなるのは、このような人物だからである。経験することなく、完全に自由であるがゆえに未知なるものに開かれている心をもつことなく、神について語ることはほとんど価値がない。それはあたかも、子供のおもちゃで遊ぶ大人のようだ。もしおもちゃを「宗教」と呼びつつ遊ぶとすれば、さらなる混乱、より大きな悲惨をもたらすことになる。

われわれが思考の全過程を理解し、もはや自分の考えに囚われなくなったときにだけ、心は静かになることができる。そしてそのときだけ、あの永遠なるものが現われ得る。

カリフォルニア州オーハイにて講演　一九五五年八月二一日

人間は何か崇拝する対象を求めるものだ、ということは明らかな事実である。あなた方もわたしも他の多くの人も、自分の人生において何か聖なるものをもちたいと願い、寺院やモスク、あるいは教会を訪れたり、または崇拝する象徴、聖像、観念を抱いたりしている。何かを崇拝したいという欲求が切実なのは、われわれは、より偉大で、より広大で、より深遠で、より永遠な何ものかのもとへ、自分を連れていって欲しいと願うからである。そのために、地上や天国に、導師、教師、神なるものを創りはじめたり、また、キリスト教の十字架、イスラム教の三日月などさまざまなシンボルを考案したりする。もしこういったもののどれにも満足できないときには、心を超越したところに存在するものについて、それを聖なるもの、崇拝できるものとして、思いをめぐらせたりしている。

これが、われわれの日常生活において起こっていることであり、われわれはそのことを十分承知している。知られたものの領域内、心と記憶の領域内では、つねにこのような努力がなされており、そしてわれわれは、そこから抜け出せそうもなく、心の創作物ではない聖なるものを発見できそうにもない。

もしよければ、次の問題を検討したい。真に聖なるもの、心で推測できないような測り難いものが、存在するのかどうか、という問題である。そのためには、われわれの考え方、価値観の革命が確実に実行されていなければならない。その革命とは、ひたすら大人気ない経済的あるいは社会的革命のことではない。それは、われわれの生活に表面的な影響は与えるが、根本的には、まったく革命とは言えない。ここでわたしが言っているのは、自己認識によってもたらされる革命のことである。その自己認識とは、心の表層にある思考を吟味することによって達成された浅薄なものではなく、最も深い自己認識のことである。

たしかに、われわれの最大の問題点は、われわれの努力がすべて認識の領域内にあるという事実である。われわれは、認識できることの限界内、つまり記憶の範囲内でのみ活動しているようである。はたして心は、その領域を超えることができるのだろうか?

もしよければ、どうかわたしの話すことに従って自分の心を観察してみて欲しい。この問題についてもう少し深く考えてみたい。もしあなた方が、わたしの言葉による説明を聞くだけで、すぐにそれを自分に当てはめてみないならば、その説明は何の意味もないだろう。もし話を聞いて、「それについては明日考えよう」と言うのなら、それは過ぎてしまい、何の価値もない。しかし反対に、もし話されたことに完全に注意を払い、それを適用できるならば、つまり自分自身の知的、感情的過程に気づくならば、わたしの話していることに意味があることがすぐにわかるだろう。

◆

ご存知のように、われわれは知識を蓄え、比較することで、物事を理解するのだと思い込んでいる。しかし実際には、そんな方法では理解していないのである。もしあるものを他のものと比べてみても、比べることに夢中になるだけだろう。われわれは、完全な注意をそれに向けたときだけ、そのものを理解することができるのであり、比較や評価は、どんな形式であっても気を散らすだけである。

自己認識とは蓄積ではない。それをわかることは非常に大事である。もし、自己認識が蓄積されるものなら、それは単に機械的なものである。それは医師の知識に似ている。医師は技術を習得し、身体の特定の専門分野に特化しつづけてゆく。たとえば外科医は、その手術では優れた技術者だろう。なぜなら、彼は技術を学び、知識をもち、その才能もあり、さらに彼を助ける経験の蓄積もあるからだ。しかしわれわれは、そのように蓄積できるような経験について話しているのではない。反対に、蓄積された知識は新たな発見を破壊する。しかし、もし人が発見したときには、たぶん、彼はその蓄積した技術を利用できるだろう。

わたしの言っていることは間違いなくきわめて単純なことだ。もし自分自身について研究や観察ができるとすれば、自分の見るものすべてのうえにおいて、いかに蓄積された記憶が作用しているかに気づきはじめる。人は絶えず評価し、廃棄あるいは受容し、非難あるいは弁護しており、だからその経験はつねに知られているもの、条件づけられているものの領域内にある。しかし指令者である蓄積された記憶がなければ、われわれのほとんどは途方にくれてしまい、怖くなって、その結果あるがままの自分を観察することができなくなる。蓄積する過程、つまり記憶の培養がある場合には、自分自身の観察は非常に表面的なものになる。記憶は人を導いたり改善したりする場合には役に立つが、しかし自己改善においては、革命とか徹底的な変容はあり得ない。この自己改善という感覚が、意志によらずに完全にやんだとき、そのときにだけ、超越的なもの、まったく新しいものが現われる可能性がある。

◆

他人の受け売りや、おそらく無意味な他人の根拠に頼ることを無駄だと指摘する人がいたら、そのときあなたは「わたしは知らない」とはっきり言わなければならない。もし「わたしは知らない」と言えるような境地に実際に到達できるならば、それは、非常に謙虚であることを示している。そこには、知識があるという傲慢さも、印象づけようとする自己主張の応答も見られない。「わたしは知らない」と言うことは、きわめてわずかな者にしかできないことだが、現実に言える場合、その境地ではすべての怖れはなくなっている。なぜなら、すべての認識力や記憶の中への探索が終了しているからである。知られているものの世界への探求はもはや存在しない。そこで、驚くべきものが姿を現わす。もし、わたしが話していることをここまで理解していたら、単に言葉のうえだけでなく実際に経験していたら、あなたが「知らない」と言えるときにすべての条件づけが停止していることに気づくだろう。そのとき、心はどんな状態だろうか？　わたしの話していることがわかるだろうか？　わたしは自分の考えをはっきりさせているだろうか？　あなた方は、もしその気になるなら、このことに少しは注意を払うことが大切である。

ご承知のようにわれわれは、何か永遠なるもの、時間という意味における何か永遠なもの、永続し、限りのないものを求めている。われわれの周りのすべてのものは、無常であり、変転し――生まれ、衰え、死ぬ――そしてわれわれは、つねに知られたものの領域内で、永続するものの確立を追求していることはわかっている。しかし真に聖なるものは、時間で計ることができず、知られたものの領域内では見つけることができない。知られたものは、挑戦に対する記憶の反応である思考を通してのみ機能する。もし、そのことを自覚し、考えることをやめる方法を見つけたければ、何をすべきだろうか？

そう、自己認識を通して思考の全過程について気づくべきである。あらゆる思考は、いかに精妙で高遠であっても、いかに下劣で愚かしくとも、知られたものの中に、記憶の中に、根をおろしていることを理解しなければならない。もしそのことをきわめてはっきりと了解したならば、心は、大きな問題に直面した際に「わたしは知らない」と言明することができる。なぜなら解答などもっていないからだ。そこで、すべての解答——仏陀、キリスト、教干、教師、導師の解答——は意味がなくなる。なぜなら、もし意味があるとすれば、その意味はわたしの条件づけである記憶の集積が生んだものだからである。

もし、わたしがこれらの真実を知っていて、実際に解答を全部脇にどけたとすれば——それは、知らないことについての強い謙虚さがある場合にのみ可能なわけだが——そのときの心の状態はどうなのだろうか？　「神が存在するかどうか、あるいは愛が存在するかどうか、わたしは知らない」と言明するとき、すなわち記憶の反応がないとき、心の状態はどうなっているのだろうか？　どうか、あなた自身に対するこの問いに、即座に回答しないでもらいたい。なぜなら、もしそうしたら、あなたの答えは、そうあるべきだ、そうあるべきではない、というあなたの考えを単に承認するにすぎなくなるからだ。「心は否定の状態にある」とあなたが言うとしたら、それはすでに知っているものと比較しているのである。したがってあなたが「わたしは知らない」と言うような状態は存在しないことになる。

わたしがこの問題を声高に論じようとしているのは、あなた方が自分の心の観察によって、そのことを理解できるようにするためである。「わたしは知らない」と心が言える状況は、否定ではない。心は探究活動を完全に停止しており、いかなる動きもやめている。なぜなら、知られたものから未知なるものと呼ばれるものへの働きかけは、所詮知られたものの投影にすぎないということがわかっているからである。したがって「わたしは知らない」と言明できるのは、いかなるものでも発見できるような状況にある心だけである。

反対に「わたしは知っている」と言う者や、人間の経験の多様性について際限もなく学んでおり、その心に百科事典的知識、情報を背負っている者、そのような者に、はたして蓄積されないようなものを経験できるだろうか？　それはきわめて困難なことだと彼は知るだろう。心が、獲得した全知識をすべて捨てたとき、仏陀も、キリストも、教主も、教師も、宗教も、引用も、心の中からなくなり、心が完全に独りになったとき、影響を取り払ったとき――それは知られているものの活動の終焉を意味する――そのようなときにのみ、そこに驚くべき革命、根源的な変化の可能性がある。そのような変化は明らかに必要である。みずからにこのような革命を起こし、新しい世界を創造できるのは、あなたとわたし、あるいは某の、ほんの少数である。それは、観念論者、知識人、大量の知識を蓄えたり、慈善事業を行なっているような人人ではない。彼らは一般人ではなく、社会改良家である。宗教的人間は、いかなる宗教、国家、民族にも属さず、内面的には完全に独りであり、何も知らない無心の境地にある。そのような人に、聖なるものの祝福は与えられるのである。

カリフォルニア州オーハイにて質疑応答　一九五五年八月二一日

質問者――心の働きとは、考えることである。わたしは、みんなが知っているビジネス、科学、哲学、心理学、芸術などの考察にずいぶん長い年月をかけてきたが、現在、大半は神について考えている。多くの神秘家や宗教的著述家の証言についての研究の結果、わたしは、神が存在すること、また、そのことに関して自分の考えが貢献できると確信するにいたった。このような考えにどこか問題があるだろうか？　神について考えることは、神を知ることを助けてくれないのだろうか？

クリシュナムルティ

あなたは神について考えることができるのか？　すべての証言を読んだので、神の存在を確信できるのか？　無神論者も自分なりの証拠をもっている。彼もおそらくあなたと同じくらい研究したうえで、神はいないと言う。あなたは神はいると信じ、無神論者はいないと信じる。両人とも信仰をもち、両人とも時間をかけて神について考えている。しかし、自分が知らないものについていろいろ考える以前に、あなたは、考えるとはどういうことかを理解すべきである、そうしないでいいだろうか？　自分が知らないことについて、どうして考えることができるのか？

あなたは『聖書』『バガヴァッド・ギーター』やその他の聖典を読み、そこではさまざまな博学な学者が、これを主張し、あれを論駁しつつ、神とはこういうものだと巧妙に描いている。しかし、自己の思考過程について知らないかぎり、あなたが神についていくら考えても、それはばかばかしい、つまらないことだろうし、一般的にもそうである。

あなたは、神の存在に関する証拠をたくさん収集し、そのことについての気の利いた記事を書いたのだろう。そこで、あなたに対する最初の質問は、「あなたが考えることが真実だと、どうして知ることができるのか？」である。考えることは、知り得ないことの経験を可能にするのか？　これは、神についてのばかげたことを、情緒的に、感傷的に受け容れなければならないということを意味しているのではない。

あなたの心が条件づけられていないのかどうかを調べることよりも、条件づけられているかどうかを発見することの方が重要ではないだろうか？　たしかに、もしあなたの心が条件づけられているならば、神の実在性についていかにたくさん調べたとしても、それはその条件づけに従って知識や情報を収集することができただけである。したがって、神に関するあなたの思索はまったくの時間の浪費であり、価値のない思索である。それはちょうど、わたしがこの森に座っていて、背後の山の頂上にいることを願うようなものだ。

もし本当に、山の頂上とその向こうにあるものを見つけたいならば、そこまで行かなければならない。ここに座ったままで、寺院や教会を建てることに思いをめぐらし、そのことで興奮するのはよくない。なすべきことは、立ち上がり、歩き、頑張り、押し進み、そこに到着し、発見することである。しかし、われわれのほとんどはそれをしたくない。ここに座って、自分の知らないことについて思いめぐらすことで満足している。そのような思索は障碍であり、精神の堕落であり、まったく何の価値もない。それは人間にさらなる混乱と悲しみをもたらすだけである。

神は永遠に未知なるものでなければならないので、それについて語ることも、描くことも、言葉に表わすことも不可能である。神を認識するようなことが起きた瞬間に、あなたは記憶の領域に戻ってしまう。おわかりだろうか？　たとえば、驚くべきものについて瞬間的に経験することがある。まさにその瞬間には「わたしはこれを憶えておかねばならない」と言うような主体はどこにも存在しない。そこには経験という状況があるだけだ。

しかしその瞬間が過ぎると、認知という過程が現われる。どうかこれを聞いて欲しい。その心は、「わたしはすばらしい経験をした、それをもっとしたい」と言い、こうして次の経験への奮闘が開始されるわけである。欲深い本能、より以上をという所有欲が、さまざまな理由で登場する。なぜならそれは、快楽、名声、知識をもたらし、権力者などのばかばかしいものになれるからである。

心は経験したことを追い求めるが、その経験はすでに終了し、済んで、過ぎ去っている。いまあるものを発見するためには、心は、すでに経験し終えたものに対しては死ななければならない。過ぎ去った驚くべき経験は日々はぐくんでいけるものでも、収集、蓄積、保管できるものでも、またそれについて語ったり、書いたりできるようなものでもない。われわれにできることのすべては、心が条件づけられていることを認識し、自己認識により、われわれ自身の思考過程を理解することである。

人は自分自身について知らなければならないが、それは観念的にそうなりたい自分についてではなく、醜くあるいは美しく、嫉妬深く焼き餅やきで貪欲であっても、あるがままの自分についてである。しかし、それを変えたいと望むことなく、あるがままの自分を正しく知ることは、きわめて困難である。それを変えたいという欲求は、これまた別のかたちの条件づけであり、こういうことを繰り返しながら、ある条件づけから別の条件づけへと移動しつつ、われわれは限定を超越したものについては、けっして経験できないのである。

質問者——わたしはあなたの講演を長年聴いており、いまや自分の思考がかなりよくわかるようになり、また自分の行動すべてによく気づけるようになった。しかしながら、いまだに深奥に達したこともなければ、あなたの説く変容を経験したこともない。なぜだろうか?

クリシュナムルティ

われわれのうちの誰もが、見ることを超えたものをなぜ経験できないか、その理由はかなりはっきりしている。言わば雲間の澄んだ空のように、われわれがものを見るときの感情状態にも希有な瞬間があるかもしれないが、わたしはそのようなことを意味しているのではない。そのような経験は、すべて一時的で、ほとんど重要ではない。質問者は、長年理解してきたにもかかわらず、なぜ深奥を発見できないのか、その理由を知りたいと願っている。ところで、なぜ彼はそれを発見しなければならないのだろうか? そのわけがおわかりだろうか?

あなたは、自分自身の思考を見ることで報酬を得ようと考えた、つまり、もしこれを行なえば、あれが手に入るだろうと。あなたは、実際にはまったく見ていないのだ。なぜなら、あなたの心は報酬を獲得することにかかずらっているから。つまり、見ることで、気づくことで、より素敵になり、苦痛が減り、短気でなくなり、超越したものを獲得できるだろうと考えたのである。そこでは、あなたの見るという行為は一種の買い物となった。この見るというコインで何かを購入しているのだ。ということは、あなたの見るという行為は、選択行動であることを意味しており、したがって、それは見ることでも注意することでもない。

見るとは、選択なしに観察すること、変化を望むいかなる動きもすることなく、あるがままの自分を見ることで、その実行はきわめて骨の折れることである。しかも、それはあなたが現在の状態にとどまれることを意味しない。そこで出会うことの中に変化を期待せずに、あるがままの自分を見たときに何が起こるか、あなたは知らないのである。このことが、おわかりだろうか？

ここで一例をあげ、それで説明すれば、あなたもわかるだろう。例えば、わたしがみんなと同じように暴力的だとしよう。われわれの文化はおしなべて暴力的である。しかし、これは検討中の問題ではないので、ここで暴力の分析に入るつもりはない。話を戻して、わたしは暴力的であり、そのことを自覚している。そこで何が起こるだろうか？　まず、わたしの即座の反応は、そのことについて何かしなければならないということである。そうではないだろうか？わたしは、非暴力的にならなければならない、と言う。それはあらゆる宗教指導者が何世紀にもわたって説いてきたことだ。すなわち、もし人が暴力的であるなら、非暴力的にならねばならない。そこでわたしは実行し、頭で考えられるすべてのことを行なう。しかし、暴力を監視し、暴力を非暴力に変えようと願っている当の本人が、依然として暴力的なままであるという事実を知り、そこでそれがいかにばからしいかを理解する。そのためわたしは、当のわたしの言っていることではなく、当人そのものへ関心を寄せる。この説明を全部わかってもらいたい。ところで、「わたしは暴力的であってはならない」と言う存在とはいったい何だろうか？　その存在は、自分が観察した暴力とは異なっているだろうか？　それは互いに異なる状況だろうか？　おわかりだろうか、あるいは話が抽象的過ぎただろうか？　たしかに、暴力と「暴力を非暴力に変えなければならない」と言っている存在とは同一である。この事実を認識することは、すべての争いを終わらせることである。そうではないだろうか？　暴力的であってはならないという心の動き、それ自身こそが暴力の産物であることがわかったために、変えようとする争いはもはやなくなった。

質問者は、心のこういったすべての表面的な議論をなぜ克服できないのかを知りたいと願っている。それは、意識的あるいは無意識的に、心はたえず何かを求めており、そしてまさにその探究が、暴力、競争、大きな不満足感を生む、という単純な理由によるのである。心が完全に静かになったときにだけ、深奥に触れる可能性がある。

質問者――われわれが死んだのちは、この地球上に再び生まれるのか、それともどこか別の世界へ行くのだろうか？

クリシュナムルティ

この質問には、若い人も老人も、われわれみんなが興味をもっている。そうではないか？　したがって、少し詳しく論じることにするつもりだ。あなた方も、単に言葉じりを追いかけるだけでなく、ここで話し合われることを実際に経験するようにしていただきたい。

われわれはみんな、死があることは知っている。老人は特にそうだろうし、死を意識している若者もいる。若い人は「死が訪れるまで待ち、来たときに対処するつもりだ」と言う。一方、より死に近い老人は、さまざまな形の慰めに助けを求めている。

どうかこのことを自分自身にあてはめ、他人ごとにしないで欲しい。なぜならあなたは、自分が死へ向かっていることを知っているのだから。そして死に関していくつかの意見をもっている、そうではないのか？　たとえば、あなたは神を信じている。また、復活、業（カルマ）、転生を信じている。この地球へ、あるいは別の世界へ再生すると言う。あるいは死を合理的に考えて、死は必然的であり、誰にでも起こることであり、それはちょうど木が枯れて、土の栄養となり、新しい木が生えるようなものだと言う。または、日々の心配事、不安、嫉妬、羨望、競争、財産のことで頭がいっぱいで、死についてはまったく考えられない。しかし、死はあなたの心の中にあり、意識していようと無意識であろうと、死はそこに存在しているのだ。

まず最初に、死に関してあなたがこれまで培ってきた信仰、合理的考え、あるいは無関心から、自由になることができるだろうか？　いま、そのすべてから自由になれるだろうか？　なぜなら、あなたが元気で完全に意識があり、活動的で健康なうちに、死の家に入ることが重要だからである。死の到来を待っていてはいけない。死は、事故によって一瞬のうちにあなたをさらっていくかもしれないし、病気によって徐々にあなたの意識を奪うかもしれない。死の訪れは、生と同じように、きわめて重大な瞬間であるに違いない。

ところであなたやわたしは、生きたまま死の家へ入ることができるだろうか？　問題はそのことであって、生まれ変わりがあるかとか、再生する別の世界があるかというようなことではない。こうした疑問はすべて未熟で子供じみている。生きている人間は、けっして生きるとは何かとは問わないし、生きていることについての理屈はもっていない。人生の目的について語る人は、半分だけ生きているにすぎない。

生きたまま、意識があり、活動しており、何であれ才能をもっているわれわれが、死というものを知ることができるだろうか？　また、死は生とは異なるものだろうか？　われわれのほとんどにとって、生きるとは、不朽だと思っているものを維持することである。自分の名前、家族、財産、経済的・精神的に既得権のあるもの、培ってきた徳性、感情面での収穫物、こういったものすべてがいつまでも続くことを願う。

そして、死と呼ぶ瞬間は未知の瞬間である。したがって、われわれは恐れ、そのために慰めやある種の安らぎを求めようとする。すなわち、死後にも生があるかといったことや、その他無数のことを知ろうと願う。こういった問いは見当はずれである。それは、なまけ者、生きているうちに死とは何かを見つけたいとは望まない人々向けの問いである。われわれは、その答えを見つけ出せるだろうか？

さて、死とは何か？　それは、あなたになじみのあるすべてのことが完全に停止することである。もし、あなたが知っているすべてのことが停止しないならば、それは死ではない。もしあなたが、すでに死について知っていれば、それを怖がることは何もないのだ。しかし、あなたは死を知っているか？　すなわち、あなたは生きていながら、この束の間の世界にいつまでも続くものを見つけようという終わることのない奮闘に、終止符を打つことができるか？

生きていながら、われわれが死と呼ぶ不可知なものを知ることができるだろうか？　あなたは、本で読んだり、気休めへの無意識の願望が書き取らせたりした、死後に起こることについてのすべての説明を、いますぐに捨て、死の状態――それは驚くべきものに違いない――を味わい、体験することができるだろうか？　もしいま、死と呼ぶ状態を体験できるなら、生と死は同じものである。

広範な教養や知識をもち、数えきれないほどの経験、奮闘、愛、憎悪を抱えてきた「わたし」は、終わることができるだろうか？　「わたし」は、そういったもの全部を記した記録である。その「わたし」は終わることができるだろうか？

事故や病気で死へ連れて行かれるのでなく、われわれは、ここに座ったままで死を知ることができるだろうか？　そこで、あなたはもはや、死や永続性について、あるいはあの世が存在するかどうかといった、愚かな質問をしなくなるだろう。そうして、あなたはみずから答を知ることになる。なぜなら、そのときには不可知なるものが現われているからだ。そうなれば、転生についての長話をやめ、生きることや死ぬことへの怖れ、歳をとることや世話で他者に迷惑をかけることの怖れ、孤独や他者へ依存することの怖れといった、多くの怖れもすべて終わるだろう。これは空しい言葉ではない。心が自身の継続という見地から考えることをやめたとき、そのときだけ、知ることのできないものが出現する。

スイス、ザーネンにて　一九六四年八月二日

宗教の意義について、ただ言葉で説明するのではなく、より深く理解できるように話をしたい。しかしながら、この問題に深く立ち入る前に、宗教的精神とはどういうものか、また宗教についてのあらゆる疑問を明らかにしようとする心の状態とはどういうものなのか、よくわかっていなければならない。

ところで、孤立（isolation）と独りであること（aloneness）の違いがわかることは非常に重要ではなかろうか。われわれのほとんどの日常活動は、自分自身を中心にして行なわれる。それは、自己特有の視点、経験、性癖に基づいている。われわれは、自分の家族、仕事、やりたいこと、また、恐れ、希望、絶望といった視点によって物事を考える。こういったものはすべて、明らかに自己中心的であり、それが日常生活でよく目にする自己——孤立の状態を招いている。

われわれは自分だけの秘密の欲望、隠れた目標や野心をもっており、妻や夫、子供たちなども含め、誰ともけっして深くつながってはいない。この自己——孤立は、日頃の退屈、欲求不満、日常生活上のごたごたからの逃避の結果でもある。それはさらに、突然すべてのものと無

関係であると感じたときに、またあらゆるものが遠のき、誰とも交流や交渉がなくなったときに襲ってくる恐ろしいほどの孤独（loneliness）から、さまざまな形で逃れようと試みた結果でもある。

もし自分自身の過ごし方をよく気をつけて見てみれば、われわれのほとんどは非常に強くこの孤独を感じたことがあるのではないだろうか。この孤独から、この孤立感から、われわれは自分の心よりも偉大なものと自己同一視しようとする——それは国家、理想、あるいは神とされるものの概念であるかもしれない。偉大なもの、不滅なもの、われわれの思考の領域外のものとの同一視は、一般に宗教と呼ばれる。そして宗教は、信仰、教義、祭式、対立宗派、分派信徒などを生み出す。こうして、われわれが宗教と呼んでいるものはさらなる孤立をもたらすのである。

またご存知のように、この現実の世界は、それぞれ主権統治と経済障壁を具えた競合国家に分割されている。われわれはすべて同じ人間であるにもかかわらず、ナショナリズムにより、また人種、カースト、階層により、自身と隣人との間に壁を築き、そのことが再び孤立と孤独を育てているのだ。

孤独や孤立の状態に捉えられている心は、宗教の本質をどうしても理解できない。その心は、信じることやある種の理論、概念、形式をもつことはできる。また、神と呼ばれているものとの同一化を試みることもできる。しかし、真の宗教は、いかなる信仰とも、司祭、教会、あるいはいわゆる聖典とも何の関係もないようだ。われわれは美の本質を理解しはじめたときにのみ、宗教的精神の境地を理解することができる。そして美の理解には、完全に独りになったうえでとりかからねばならない。心が完全に独りであるときにだけ、美とは何かを知ることができ、それ以外では不可能である。

独りであることは、明らかに孤立ではない。また、独特であることでもない。独特であるとは、どこか例外的であるということにすぎない。一方、完全に独りであることは、大変な感受性、知性、理解力を要求する。完璧に独りであるということは、心があらゆる影響から自由であり、したがって社会によって汚染されていないことを意味する。宗教とは何かを理解し、また時間を超越した不滅なものが存在するかどうかを自分で見出すには、独りでなければならない。

現在こうしてある心というものは、過去何千年にも及ぶ、生物学的影響や社会、環境、気候、食物摂取などの影響の産物である。このことはかなりはっきりしている。あなた方は、自分が食べる物、読む新聞、妻や夫、隣人、政治家、ラジオやテレビ、その他無数のものから影響を受けている。あなた方は、多数の異なる方向から意識的な心と無意識的な心に注ぎ込まれるものによって、絶えず影響されている。こういった多くの影響に気づき、それゆえその影響のいずれにも囚われず、それに汚染されずにいることは、不可能なのだろうか。そうでなければ、心は単なる環境の道具になってしまう。心は、それが神ないし永遠の真理と考えるもののイメージを創造して信仰することができるが、それは依然として環境にもとづく要求、不安、迷信、圧力によって形づくられたものであって、その信仰は宗教的精神の境地ではまったくない。

キリスト教徒は人間が築いた教会において、その司祭、教義、儀礼でもって二千年以上にわたって育成されてきた。子供時代に洗礼を受け、成長するにつれて信仰すべきことがらを聞かされ、条件づけと洗脳の全過程を修了している。この宣伝屋である宗教の圧力はすこぶる強力である。どうしてかと言えば、それは巧妙に組織されており、教育、聖像崇拝、恐怖により心理的影響を及ぼすことができ、その他無数の方法で信者の心を条件づけることができるからである。東洋全般においても、人々は信仰、教義、迷信、一万年かそれ以上にさかのぼる伝統などによって、しっかり条件づけられている。

心は自由でなければ、真なるものを見出すことはできない。自由になることは、影響から自由であることである。人は、国家の影響から自由であるべきだし、教会の影響、その信仰と教義の影響から自由であるべきだ。さらに、貪欲、羨望、恐れ、悲しみ、野心、競争、不安などからも自由であるべきだ。もし心が、こういったものすべてから自由でないなら、心の外部および内部からのさまざまな圧力が、矛盾した神経症的状況を作り出しかねない。そのような心は、真なるもの、あるいは時間を超越したものがあればそれを、見つけることは不可能である。

そこで、心にとって、影響から自由であることがいかに必要であるかを人は理解する。しかし、そんなことができるだろうか？　もしそれができなければ、永遠で、名づけられず、至高なるものの発見はできない。それができるか否か自分でわかるためには、ここに座っているいまだけでなく、日常生活の中において、このような多くの影響があることに気づかなくてはならない。そういった影響が、いかに心を汚染し、型にはめ、条件づけているかを見届けなければならない。たしかに、心に注がれる多くの異なる影響に常時気づいていることは不可能だ。しかし、ここがこの問題の核心なのだが、人はあらゆる影響から自由であることの重要性は理解できる。ひとたびその重要性がわかれば、意識的な心はしばしば気づかないかもしれないが、無意識の心がその影響に気づいている。

わたしの言うことはわかっているだろうか？　わたしが指摘しようとしていることは、次のようなことだ。きわめて微妙な影響が存在し、それがあなた方の心を形づくっている。つねに時間の領域内にある影響によって形づくられた心は、永遠なるものをどうしても発見できないし、永遠といったものがあるかどうかもわからない。そこで、ある疑問が生まれる。もし意識的な心が多くの影響すべてに気づくことができないなら、どうすべきか？　この問いに完全な注意をはらう必要があるため、もしこの問いを非常に真面目に真剣に受け止めたなら、心の表層が機能している間は完全には使われていない無意識の部分が、注ぎ込まれるすべての刺激を引き受け観察することに、あなたは気づくだろう。

以上のことの理解はきわめて重要であると思う。なぜなら、影響を受けることにただ抵抗したり身を守ったりしたら、その抵抗つまり反応は、心のさらなる条件づけを創り出すからである。影響の全過程を理解することは、努力要らずでなければならない。すぐにわかるような質のものでなければならない。それは次のようなものだ。もしあなたが、影響を受けないということの大変な重要性を自分で本当に理解したならば、心が他のことに気をとられているときはいつでも、心のしかるべき部分が影響について対処し、そこが非常に警戒し、活動し、用心するのである。

したがって大事なことは、いかなる環境、いかなる人物からも影響を受けないということの、大変な重要性をただちに認識することである。このことが肝心なことで、影響にどう抵抗するか、影響を受けたときにどうすべきか、といったことではない。ひとたびこの肝心な事実を把握してしまえば、いかにかすかであっても、そのあらゆる影響をつねに拭い去れるように警戒し、見張っている心の一部があることに気づくだろう。このような、あらゆる影響から自由であることの結果として、孤立とはまったく違う、独りであることが生まれる。そして、独りでなければならない。なぜなら美は時間の領域外にあり、完全に独りである心だけが美の本質を知ることができるからである。

われわれのほとんどは、美しさとは、調和、形、大きさ、輪郭、色のことだと思っている。建物、木、山、川などを見て、それを美しいと言う。しかしそこには、同時にこういったものを見ている部外者、経験者なるものがいる。そしてそのために、われわれが美しいと呼ぶものは依然として時間の領域内にある。しかしわたしは、美しさは時間を超越していると思うので、美を知るためには、この経験者なるものを終了させなければならない。経験者とは、われわれの判断、評価、考察の基準となっている経験の蓄積にすぎない。

絵を鑑賞し、音楽を聴き、川の速い流れを見る際に、われわれは一般に、蓄積された経験を背景にそれを行なっている。つまり、過去から、時間の領域から見ているのであり、したがって美しさをまったく知ることではない。美しさを知ること、すなわち永遠なるものを発見することは、心が完全に独りであるときにのみ可能となる。

そしてそれは、司祭の語ることや組織宗教の説くこととはまったく関係がない。心は、社会から、また貪欲、羨望、不安、恐れなどの心理的仕組みから、けっして影響を受けたり汚染されたりしてはならない。心は、そのすべてから完全に自由でなければならない。この自由の結果として、独りであることが生まれる。そして、その独りである境地においてのみ、心は、時間の領域を超えたものを知ることができるのである。

美しさと永遠なるものは、分割することができない。絵を描き、文章を作り、自然を観察していて、もしそこにどんな形であれ、自己の活動、思考の自己中心的な活動が現われたら、あなたが感じたものは依然として時間の領域内にあるために、美しさを喪失してしまう。そして、もし美しさを理解しないならば、永遠なるものも発見できないだろう。なぜなら、この二つは手をたずさえているからである。

永遠不滅なるものを見出すためには、伝統や過去の経験や知識の集積である時間から、自由でなければならない。それは、何を信じるか信じないかといった、未熟でまったく子供じみた質問ではない。そんなことは、本質的な問題とはまったく関係ない。本当に発見したいと願っている真剣な心は、孤立した自己中心的な活動をすっかり放棄し、完全に独りである状態になるだろう。美しさ、永遠なるものの理解が実現されるのは、この、完全な独りである状態においてのみである。

言葉はシンボルであり、シンボルは真実ではないので、危険なものである。言葉は意味、概念を運ぶが、しかし言葉はそれが指し示すものではない。したがって、わたしが永遠なるものに関して語るとき、もしわたしの言葉に影響されたり、その信仰に囚われたりするだけならば、それはとても子供じみていると理解しなければならない。

永遠なるものが存在するかどうかを発見するためには、時間とは何かを理解する必要がある。

時間とは最も厄介な代物だ。年表的時間、時計ではかれる時間のことを言っているのではない。どちらも目に見え、必要なものでもある。ここで話しているのは、心理的継続としての時間である。この継続性なくして生活できるだろうか？　継続性を与えるものは、まさしく思考である。もし何かを絶えず考えるとすれば、それはひとつの継続性をもつ。もし妻の写真を毎日眺めるとすれば、それにある継続性を与えることになる。

この世で、行動に継続性を与えることなく生き、結果として、すべての行動にあらためて初めて出会うといったことが可能だろうか？　すなわち、一日中のすべての行動のたびに精神的に死に、その結果、心は過去をけっして蓄積することも、過去から汚染されることもなく、つねに新しく、新鮮、無垢であることができるだろうか？　そのようなことは可能であり、人はそのように生きることができる。しかし、それがあなたにとっても本当だという意味ではない。あなたは、自分自身で発見しなければならない。

そこで、心は孤立ではなく、完全に独りであらねばならないことがわかりはじめる。この完璧に独りである状況において、驚くべき美しさ、心が作り出したものではない何かの感覚が生じる。それは、いくつかの音符をつなぎ合わせるようなこととも、一枚の絵を描くためにいくつかの絵の具を使うようなこととまったく関係がない。独りであるから心は美しいのであり、したがって十分に敏感だからである。

そして完全に敏感であるゆえに、それは知的である。その知性は、狡知や知識という知性ではなく、また何かをする能力としての知性でもない。心が知的であるとは、それが支配されず、影響を受けず、恐れないという意味である。しかしその状態にあるためには、心は毎日、自身を刷新できなければならない。すなわち、過去と、既知なるものすべてに対して、毎日死ななければならない。

すでに話したように、言葉、シンボルは、実在ではない。「木」という言葉は、実際の木ではない。したがって人は、言葉に捕らえられないように十分用心しなければならない。言葉、シンボルから自由なとき、心は驚くほど敏感になり、ものを発見する状態になる。

結局人は、大昔から今日に至る長い間、このことを探し求めつづけてきた。人は、人間が作ったものではない何かを見つけようと願う。組織宗教は、知的な人間には何の意味ももたないが、それでもそれは、超越的なものが存在すると絶えず説いてきた。終わりのない悲しみ、悲惨、混乱、絶望の中にいるために、人はつねにその超越的なものを探し求めてきた。つねに無常の中にあるがゆえに、人は永遠なるもの、衰えず、持ちこたえ、継続性のあるものを見つけようと望み、その結果いつも時間の領域内だけを探すことになった。

しかし見てのとおり、そこには永遠なるものは何も存在しない。われわれの関係にしても仕事にしても、あらゆるものは一時的なものである。この無常に対する非常な恐れのために、不滅、永遠、あるいは何と呼んでもいいが、永続するものを絶えず追求している。しかし、永遠、不滅、永久なるものの追求は単なる反応であり、したがって有効ではない。確かでありたいという この願望から心が自由になって初めて、永久なるもの、時間、空間を超えたもの、考える人やその人の想像を超えたものが存在するかどうかに関して、探求を開始できる。

このことをすべて認識し理解するには、十分な注意と、その注意から生まれる柔軟な訓練が必要である。そのような注意においては、注意散漫や緊張はなく、またいかなる特定の方向への動きもない。なぜならそのような動き、動機はすべて、過去かあるいは現在の影響の結果であるからだ。そのような労力を伴わない注意の状態において、驚くべき自由の感覚が現われ、そしてそのときだけ、心はまったく空っぽで、静寂で、不動であり、永遠なるものを見出すことができる。

ここまで話されたことについて、おそらく質問があるだろう。

質問者——どうすれば、確かでありたいという欲望から自由になれるのか?

クリシュナムルティ

「どうすれば」という言葉は、方法を意味している。そうではないだろうか? もしあなたが大工ならば、家はどう建てるのかとわたしが問えば、何をすべきかを話すことができるだろう。

なぜならそこには、家の建て方、システム、方法があるからだ。しかし、方法やシステムに従うことはすでに心を条件づけているので、「どうすれば」という言葉を使うことの難しさを理解して欲しい。

では次に、欲望について理解しなければならない。欲望とは何か? まず最初に、見ること、あるいは認知があり、次に出会いあるいは接触があり、次に感覚があり、最終的に欲望と呼ぶものが生起する。たしかに、これが起こっていることである。それについて、詳細に見てみよう。

たとえば、まず美しい車を見るとする。見るという行為そのものから、車に触らなくても感覚が起こり、それが車を運転し、所有したいという欲望を生む。われわれは、欲望に対しいかに抵抗するか、それから自由になるか、などということを問題にしているのではない。なぜなら、欲望に抵抗したおかげで欲望から自由であると考える人は、じつは麻痺し、死んでいるのだ。重要なことは、欲望の全過程を理解することであり、その重要な点と重要でない点の両方を知ることである。いかにして欲望を絶つかではなく、欲望を持続させているものは何かを見出さなければならない。

では、欲望を持続させているものは何だろうか? それは思考である、そうではないだろうか? 最初に車を見ることがあり、次に感覚があり、それに欲望が続いた。欲望が「あの車を持たねばならない、どうして手に入れようか？」と言うのを、もし思考が妨害せずに言いつづけさせるとすれば、そこで欲望は終了するだろう。おわかりだろうか？　欲望から自由であるべきだと主張しているのではない。その反対だ。しかし、欲望の全構造を理解しなければならない。そうすれば、もはや欲望の持続はなくなり、まったく他のものが現われるだろう。

したがって、重要なのは欲望ではなく、われわれが欲望に持続性を与えているという事実である。たとえばわれわれは、思考、イメージ、心象、感覚、記憶などを通じてセックスに対し持続性を与える。セックスについて考えることでその記憶を持続させ、こういったこと全部が、セックスとその感覚の重要さに持続性を与えている。その感覚自体が重要でないわけではない。感覚は感覚である。そうではなく、われわれは、感覚の快楽に対し持続性を与え、その持続性がわれわれの人生において圧倒的に重要になるのである。

したがって問題は、欲望からの自由ではなく、欲望の成り立ちと、思考がどのように欲望に持続性を与えているかを理解すること、それがすべてである。それがわかれば、心は自由となり、欲望からの自由について考える必要はなくなる。あなたは、欲望からの自由を求めようとすればその途端に、葛藤に陥ることになる。車、女性、家、あなたの気を引くものは何であれ、それを目にするたびごとに思考が介入し、その欲望に持続性を与え、そして、すべては終わりのない悩みとなるのである。

大切なことは、苦労のない、悩みひとつない人生をおくることである。もし、苦労の本質を理解し、欲望のあらゆる仕組みがはっきりとわかれば、問題ひとつない人生を過ごすことができる。われわれのほとんどが、数えきれないほどの問題を抱えており、問題から自由であるためには、個々の問題が生じたときにすぐにそれを終わらせることができなければならない。問題がまったくなく、苦労のない人生を送ることは絶対に必要である。それができるのは宗教的精神のみである。なぜならそれは、悲しみを知り、その終わらせ方を知っているからである。それは怖れがなく、したがってそれ自身の光である。

スイス、ザーネンにて　一九六五年八月一日

先日も話したように、話している人が重要なのではなく、話されている内容が重要である。なぜなら、話されている内容はいわばあなた自身の語る声だからである。話者の使う言葉を通じて、あなたは話者にではなく自分自身に耳を傾けているのだ。したがって、聞くことは特に重要なものとなる。聞くことは学ぶことであり、知識をため込むことではない。もし知識を蓄積し、その蓄積に耳を傾け、知識を背景に話を聞くとすれば、それは話を聞いていることにはならない。

あなたが聞いているときだけ、あなたは学ぶのである。あなたは自分自身について学んでいるのであり、したがって、気を使い、最大の注意を払って聞かなければならない。そして、もし聞いていることを正当化、非難、あるいは評価したりすれば、それは注意していることにはならない。そうなれば、聞いていることにはならず、認識し見ていることにもならない。

たとえば、嵐のあとに川の土手に座れば、流れが大量のがらくたを運んでいるさまを目にするだろう。同様に、あらゆる考え、感覚、意図、動機に従っている自分自身の動きを観察しな

ければならない。ただ観察するだけでいい、その観察が、同時に聞くことでもある。そうすればそれは、目や耳、および洞察によって、人間が創出し人間を条件づけているすべての価値に気づいていることだ。すべての探求を終わらせるのは、この全体的気づきの状態だけである。

すでに話したように、探求と発見はエネルギーの無駄づかいである。心そのものが曇っていて、混乱、怯え、惨めさ、不安でいっぱいなのに、探求が何の役に立つのか？　この混沌の中で、さらなる混沌以外に何を発見できるというのか？　しかし、内面が明晰で、心が怖れておらず、安心を求めていないならば、そこには探求はなく、したがって発見もない。神や真理に出会うことが宗教的行為ではない。唯一の宗教的行為は、自己認識を通じてこの内面の明晰さに到達することである、すなわち、自己の心の奥にあるすべての秘密の欲望に気づき、けっして訂正したり、制御したり、放縦にさせたりすることなく、つねにそれを監視しつつ解放することである。

その絶え間ない監視により、非常な明晰さと感受性、およびエネルギーの膨大な保存が生じる。人は大量のエネルギーをもたねばならない、なぜなら、すべての活動はエネルギーであり、生命そのものがエネルギーだからだ。われわれが惨めさや不安を感じ、喧嘩や嫉妬をしているとき、怖がっているとき、侮辱やへつらいを感じたとき、そんなときにはすべてエネルギーを浪費している。身体や心の病もまたエネルギーの浪費である。われわれが行為し、考え、感じることのすべては、エネルギーの流出である。

そこでエネルギーの浪費について理解し、それに基づいてすべてのエネルギーの自然な統合を得るか、あるいは皮相から本質へ到達することを願いつつ、さまざまな相矛盾するエネルギーの表出をまとめようと悪戦苦闘することに人生を費やすか、どちらかである。

宗教の本質は聖性であり、それは宗教組織とは関係ないし、また信仰や教義に支配され、条件づけられている精神とも無関係である。そのような精神にとっては、みずからが創った神、組み上げた祭式、祈りや崇拝や献身から得られるさまざまな感覚以外に、聖なるものは存在しない。しかし、こういったものはまったく聖なるものではない。教条主義、祭式主義、感傷癖や主情主義には聖なるものは何もない。聖性は、宗教的精神のまさに本質であり、それこそがわれわれが探しているものである。われわれは、聖なるものと思われているもの——シンボル、言葉、人物、絵画、特殊体験、これらすべての児戯に等しいもの——には関心がなく、本質に関心がある。

それには、われわれ一人ひとりが、まず外的世界を観察することから、あるいは気づくことから得られる、理解が必要である。外部に現われた振る舞い、外部から見える身ぶり、服装、形、樹木の大きさや色、人や家の外観などに気づくことが最初で、それなしに内的な気づきの潮に乗ることはできない。外に引く潮と内に満ちる潮は同じ潮であり、外に引く潮を知ることができなければ、内に満ちる潮についてもけっして理解できないだろう。

どうかこのことを聞いて欲しい。われわれのほとんどは気づきというものを、神秘的な何かを実践することで、それについて語り合うために毎日毎日集まらなければならないようなものと考えている。そのようなやり方では、けっして気づきに達することはない。しかし、もし道路のカーブ、木の姿、他人の着物の色、青空にそびえる山々の輪郭、花の優美さ、通行人の顔に浮かんだ苦痛、無知、羨望、人に対する嫉妬、大地の美しさなどのような外的世界について、非難や選択なしに見、気づくことがあれば、内的な気づきの潮に乗ることができるだろう。そうすれば、自分自身の反応、卑小さ、嫉妬にも気づくようになるだろう。あなたは、外的気づきから内的気づきへ向かったのである。しかし、外部について気づかなければ、内部についてもけっして気づけないだろう。

自分自身の精神と身体のあらゆる活動について、内的な気づきがあれば、また内密なまたは開けっ広げな、意識的なまたは無意識的な、自分自身の思考や感情に気づいたとき、その気づきの中から、心に強いられたものでも心で作られたものでもない明晰さが生まれる。その明晰さがなければ、あなたは自分のしたいことをするだろう。天界や地上界や深淵を探求し、しかしけっして真なるものを見つけることはないだろう。

したがって真なるものを発見しようとする人は、気づきという感受性をもたねばならない。

それは気づきを練習することではない。気づきの練習は、習慣を導くだけであり、習慣はあらゆる感受性を破壊する。セックス、飲酒、喫煙、またはあなたが望むどんな習慣であれ、いかなる習慣も精神を無感覚にする。無感覚な精神はエネルギーを浪費するばかりか、鈍感になる。鈍感で、軽薄で、条件づけられた卑小な精神は、ドラッグを飲み、一瞬は驚くような経験をするかもしれないが、やはり依然としてつまらない精神のままだ。われわれが現在行なっているのは、この精神の卑小さを終わらせる方法を発見することである。

精神の卑小さは、より多くの情報や知識を集めたり、偉大な音楽を聴いたり、世界の美しい場所を見物したりすることによっては克服できない。そんなこととは何の関係もない。卑小さを終わらせるのは、自己認識の明晰さ、束縛のない精神の活動である。そのような精神だけが宗教的である。

宗教の本質は聖性である。しかし聖性はいかなる教会、寺院、モスクにも、いかなる聖像にもない。わたしは本質について話しているのであって、われわれが聖なるものと呼んでいるものについてではない。この宗教の本質、つまり聖性、それを理解できれば、人生はまったく違った意味をもつ。そうなればあらゆるものが美しく、美しさは聖性である。美は感覚を刺激するものではない。山や建物や川や谷や花や顔を眺めたときには、それから刺激を受けて「美しい」と言うかもしれない。しかしここで話している美は刺激をまったく与えない。それはいかなる絵画、シンボル、言葉、音楽の中にも見出せない美しさである。その美は聖性である。それは宗教的精神、自己認識において明晰である精神の本質である。経験を望み、欲し、憧れることによってではなく、経験へのすべての欲求が終息したときにのみ、人はその美に出会う。これは最も理解が困難なことのひとつである。

すでに指摘したように、経験を求める精神は依然としてものの表面をさまよっており、個々の経験の解釈は、あなた方固有の条件づけに依存するだろう。あなたが、キリスト教徒、仏教徒、イスラム教徒、ヒンドゥー教徒、あるいは共産主義者など何であれ、あなたの経験は明らかにその背景にしたがって解釈され、条件づけられるだろう。そして、経験を欲しがれば欲しがるほど、その背景をますます強化することになる。

このような過程は、悲しみを取り除くことも、それを終わらせることもできず、ただ悲しみから逃避するだけである。自己認識における明晰な精神、明晰さと光のまさに本質である精神は、経験を必要としない。それはそのあるがままである。このように、明晰さは自己認識を通じてもたらされ、たとえそれが賢い作家、心理学者、哲学者、あるいはいわゆる宗教家であっても、他者の教えを通じてではない。

愛および死についての理解がないところには聖性はない。予想もせず無意識に何かを発見すること、予断なしに何かに出会うこと、美、聖性、その真実在をたちどころに知ることなどは、人生における最もすばらしいことのひとつである。しかし、それを発見しようと探し求めていては、けっしてそうなることはできない。愛は育むことができるようなものではない。愛は謙虚さと同様、心で作り出すことはできない。

謙虚になろうとするのは、うぬぼれ屋だけだ。また傲慢な人間だけが、謙虚さをまねることで自尊心を消そうとする。謙虚さをまねることは、依然として虚栄の行為である。話を聞き、それによって学ぶこと、そこには自然な謙虚さがなければならない。そして謙虚さの本質を理解した心は、けっして何かに追随したり、服従したりはしない。なぜなら、完璧に否定的で空っぽのものが、どうして誰かに服従したり追随したりできるだろうか?

自己認識の明晰さ自体から愛の本質を発見した心は、死の何たるかとその仕組みについても気づくだろう。もしわれわれが、過去や昨日起こったすべてのことに対して死ななければ、心は依然としてその憧れ、記憶の影、条件づけに囚われており、そこに明晰さはない。議論も正当化もなしに、たやすく自発的に昨日に対して死ぬためには、エネルギーが必要だ。議論、正当化、選択は、エネルギーの浪費である。したがって人は、心を新鮮に、新たにできるようにと、多くの昨日に対して死ぬことはけっしてしない。ひとたび自己認識の明晰さが現れれば、優しさを伴った愛が後に続く。さらに、自発的な謙虚さ、また、死を通して過去からの自由が実現する。

こういったことのすべてから、創造が生まれる。創造は自己表現ではない。それは、一枚のカンバスに絵の具を塗ったり、多かれ少なかれ文章を綴って一冊の本にしたり、台所でパンを焼いたり、子供を宿したりすることではない。そんなことはどれも創造ではない。愛と死があるときにだけ創造がある。毎日のあらゆることに対しての死があるときにだけ、創造が可能であり、したがって、そこには記憶として蓄積されるものはない。当然のことだが、衣服、住居、個人の資産については、多少の蓄積は必要だし、ここではそのことについて話題にしているわけではない。

内的な意味での蓄積や所有は、支配、権威、順応、服従のもととなり、創造を妨げる。なぜなら、そのような心はけっして自由ではないからだ。自由な心だけが、死と愛の何たるかを知っている。そして、そのような心のためにのみ、創造がある。このような状況において心は宗教的であり、そこには聖性がある。

ところで、わたしにとって「聖性」という言葉は特別な意味をもっている。わたしはこの言葉の宣伝をしているのでも、あなた方を説得する何かを探っているのでも、またこの言葉によって、真実在を感じさせ経験させようとしているのでもない。それは無理だ。あなた方はこれらすべてのことを、言葉によってではなく、実際に自分で経験しなければならない。実際に、自分が知っているすべてのこと、記憶、悲惨、快楽などに対して死ななければならない。そしてそこに、嫉妬、羨望、貪欲、絶望の苦悶がなくなったとき、愛とは何かを知り、聖なるものと呼ばれるものに出会うだろう。

このように、聖性は宗教の本質である。たとえば、大河は町中を流れる際に汚染されるだろう。しかし、その汚染があまり深刻でなければ、河は流れている間にみずからを浄化し、数マイル以内に再びきれいに、新しく、清浄になる。同様に、ひとたび心がこの聖性と出会えば、その後のすべての行為は浄化活動となる。あらゆる活動を通して、心はみずからを無垢にし、したがって蓄積は行なわない。

聖性を発見した心は、つねに革命の状態にある。それは、経済的あるいは社会的革命ではなく、内的革命であり、それを通じて永遠に自己浄化を行なっている。その営為はある理想、公式にのっとっているのではない。あたかも、背後に膨大な水量を抱えている大河が、流れている途中で自己浄化するように、心もこの宗教的聖性に出会った際に自己浄化するのである。

『時の終わり』より　一九八〇年四月二日

クリシュナムルティ（K）——あなたは科学者で、原子などの研究にたずさわってこられた。そういったものの研究過程で、それ以上の、それを超えた何かが存在するとは感じませんでしたか？

デヴィッド・ボーム（B）——超越した存在はいつでも感じられますが、しかしそれが何であるかはわかりません。われわれの知っていることに限界があるのは明らかです。

K——ええ。

B——そして、超越したものは存在するに違いありません。

K——「それ」はどのようにしてあなたに（その存在）を伝えることができるでしょうか？そしてあなたの科学的知識や頭脳でもって「それ」を把握することはできるでしょうか？

B——把握するのは無理だとおっしゃっているのですか？

K——いいえ。どうやったら把握できますか、ということで、把握不能だとは言っていません。

あなたは把握できますか？

B――いや、どうもはっきりしません。あなたは以前、「それ」は把握不可能だとおっしゃっていたとか……。

K――「把握」とはここでは、あなたの心は理論を超えられるか、ということです。わたしが言おうとしているのは、あなたは「それ」の中に移動できますか、時間などの意味における移動ではなくて。あなたは「それ」に入れますか？　いや、これもあくまで言葉ですね。空（emptiness）を超えるものは何でしょう？　静寂でしょうか？

B――静寂は空に近いのではないでしょうか？

K――ええ、わたしが言おうとしているのはそのことです。一歩一歩進みましょう。「それ」は静寂でしょうか？　あるいは静寂は空の一部でしょうか？

B――ええ、そうでしょうね。

K――わたしもそう思います。もし「それ」が静寂でないなら、ちょっとお尋ねしますが、「それ」を「絶対的な何か」と言ってさしつかえないでしょうか？　おわかりですか？

B――そう、絶対なるものと見なすことはできるでしょう。絶対なるものは完全に独立したものでなければなりません。それが「絶対」の本当の意味ですから。それは何ものにも依存していません。

K——ええ、そんなところでしょう。

B——完全に自発的で、いわば、自動的な。

K——はい。あらゆるものには原因がありますが、「それ」にはまったく原因がない、そう思いますか？

B——ご存知のように、こういった考えはすでに古いものです。このような考えはアリストテレスが発展させました。絶対なるものは、それ自身の原因でもあるということです。

K——ええ。

B——ある意味で、絶対なるものには原因がない。同じものです。

K——あなたはアリストテレスとおっしゃったが、そのとたん——絶対なるものは「それ」ではありません。どう言えばいいでしょう？　空はエネルギーであり、そして空は静寂の中に存在しています。あるいはその逆かもしれませんが、それは問題ではありません。よろしいですか？　そうです、これらすべてを超えた何かがあるのです。たぶん、それはどうしても言葉では表わせない。それでも言葉にしなければなりません。おわかりですか？

B——絶対なるものを言葉で表わさなければならないが、どうも無理なようだ、ということですね？　言葉にしようとすれば、どうしても相対的なものになってしまう。

K——ええ。どうしたらいいものか。

B——絶対という言葉には、長い危険な歴史があります。人々がそれを言葉にしたことで、その言葉はきわめて強圧的なものになりました。

K——そんなことは放っておきましょう。アリストテレスにしても仏陀にしても、他人の言ったことは無視したほうが得策です。おわかりですか？　つまり、他人の考えに染められたり、他人の言葉に囚われなくてすむからです。これはみな、われわれの条件づけの一部です。こんなものは乗り越えていきましょう。ところで、何をしようとしていたのでしたっけ？

B——えーと、この絶対なるもの、この超えたものと、交信しようとしていたのです。

K——わたしはもう「絶対」という言葉を使っていません。

B——では何でもいいですが、空と静寂を超えたものですね。

K——ええ。それを超えたもの。すべてを超えたものが存在します。それは、大いなるものの一部です。

B——となると、空や静寂も大いなるものです。そうですよね？　エネルギーも、それ自体大いなるものです。

K——ええ。それはわかっています。しかし、より大きな何かがあります。空、静寂、エネルギーは大いなるもので、本当に測り難い。しかしそれよりも——わたしは「偉大」という言葉を使いますが——さらに偉大なるものが存在するのです。

B——ええ、それです。そのことです。空とか何かについて、あなたがどうおっしゃろうと、すべてを超越した何かが存在するのはわかります。

K——いや、あなたは科学者として、なぜそれを認めるのですか——いや「認める」ではないですね。言葉を間違って許してください。——なぜあなたは、そこまで追随するのですか？

B——それは、われわれが一歩一歩必然性を確かめながら、ここまでたどりついたからです。

K——では、ここまでは非常に論理的で、合理的で、正しいと考えるのですね。

B——しかも、誰もが正しいと認めるでしょう。

K——でしょうね。では、もし静寂やエネルギーなどよりも偉大なものが存在するとわたしが言ったら、あなたはそれを認めますか？　認めるというのは、ここまではわれわれは論理的であったか、という意味ですが。

B——あなたがどうおっしゃろうと、それを超越したものが確かに存在すると思います。静寂であれエネルギーであれ何であれ、論理的にはつねにそれを超えるものの余地が残っているのです。しかし、これがポイントですが、たとえあなたが超越した何かが存在するとおっしゃっても、それをさらに超えるものの余地は、理論的には残されているのです。

K――いいえ、ありません。

B――なぜですか？　あなたが何とおっしゃろうと、つねにそれを超えるものの余地はあるでしょう。

K――「それ」を超えるものは存在しません。

B――そこのところがよくわかりません。

K――「それ」を超えるものは、何も存在しません。そこは譲れないのです。独断的でも頑固でもありません。わたしは「それ」が万物の始まりであり終わりであると感じています。終わりと始まりは同じもの――よろしいですか？

B――よろしいとはどういう意味においてでしょう？　万物の始まりが終わりだということについてですか？

K――そうです。正しいでしょうか？　あなたもそう思いますか？

B――ええ。もし、ものが生まれるところを「場」と想定すれば、それが死にゆくところも「場」でなければなりません。

K――そのとおり。「それ」は万物が存在している「場」であり、スペース……。

B――……エネルギー……。

K――エネルギー、空、静寂、それらすべてです。「それ」はその全部。しかし「場」ではない、わかりますか？

B――いや、「場」というのは単なる譬えです。

K――「それ」を超えるものは何も存在しません。原因もない。もし原因があれば、「場」があることになります。

B――あなたも「場」を想定していませんか？

K――いいえ。「それ」が始まりであり終わりです。

B――だいぶわかってきました。

K――けっこうです。あなたに何か伝わりましたか？

B――ええ。何かが伝わっているようです。

K――何かですか。他におっしゃるとすれば、そこには始まりも終わりもない、とか？

B――ええ。万物は「場」から現れ、「場」へ戻ります。しかし「それ」は始まりもしないし、終わりもしません。

K――ええ。そこには始まりも終わりもない。その意味するところはじつに膨大です。「それ」は死でしょうか――いや、わたしが死ぬ、という意味ではなく、万物の完全な終焉なのでしょうか？

B――あなたは最初、空は万物の終焉だとおっしゃった。だとすれば、それ以上のどんな意味での終焉ですか？　空はものの終わりですよね？

K――そう、そう。「それ」は死であり、空でしょうか？　精神が培ってきたあらゆるものの死。空は心の、個の心の産物ではありません。

B――ええ。空は普遍です。

K――空は「それ」です。

B――ええ。

K――空は個の死――完全な死があるときにのみ、存在することができます。

B――そうです。

K――うまく伝わっているでしょうか。

B――ええ。「それ」は空です。しかしあなたは、その「場」においては、さらなる死があるとおっしゃるのですか？

K――そうです。

B――ここまで、個の終焉、個の死は空であり、それは普遍であるということでした。そしてあなたは、その普遍も死ぬとおっしゃっているのですか？

K――そうです。わたしが言いたかったのはそのことです。

B——「場」の中に？

K——それで何か伝わっていますか？

B——そうですね、たぶん。

K——ちょっと待ってください。考えてみましょう。それは何かを伝えている、違いますか？

B——ええ。もし、個も普遍も死ぬとすれば、それが死でしょうか？

K——ええ。ある天文学者は、宇宙のあらゆるものは、死んで、爆発して（生まれ）、また死ぬ、と言っています。

B——しかし、もちろんそれを超えるものが存在すると考えていらっしゃるんでしょう？

K——そうです。「それ」がまさにそれです。

B——どうやら近づいてきましたね。普遍と個。まず個が空の中に死に、それから普遍が現われる。

K——そして、普遍も死ぬ。

B——「場」の中に、ですね？

K——ええ。

B——すると、「場」は生まれもせず死にもしない、とおっしゃるのですね。

K——そのとおり。

B――ところで、もし普遍が死ぬとおっしゃるならば、ほとんど言葉で表現できなくなるでしょう。表現というのも普遍ですから、。

K――いや、まだ説明の途中です。「それ」以外のあらゆるものは死ぬ、ということです。これで何か伝わるでしょうか？

B――ええ。つまり、万物が生まれ死んでゆくのは、「それ」とは関係がない、と。

K――したがって、「それ」には始まりも終わりもない。

B――普遍の終焉について語ることには、どんな意味がありますか？　普遍の終わりを想定することにどんな意味があるのでしょう？

K――意味などありません。事実それが起こっているとすれば、どうして意味がなければならないのです？　「それ」は人間と何か関係がありますか？　わたしの言っていることがわかりますか？　人間は辛い経験をしています。しかし、「それ」は人間と何か関わってきたでしょうか？

B――人間は人生において、究極的な「場」と接触しなければならないと感じています。そうでなければ人生に意味はありません。

K――しかし、意味はないのです。その「場」は、人間と何ら関わりをもっていません。人間は自分を殺しつづけ、「場」に逆らうようなことばかり行なっています。

B――そうです。だから人間にとって人生には意味がない。

K――わたしは普通の人間です。そう、たとえばあなたは以前、日没についてすばらしい話をしてくれました。しかし、その日没がわたしと何か関係がありましたか？　日没やあなたの話が、わたしの醜さや妻とのいさかい、そういったことを乗り越える助けになるでしょうか？

B――話を前に戻してみましょう。わたしたちはこの話を論理的に、人類の苦悩から始めて、その苦悩が誤った方向に転換したことに根ざしていることを示して、それが必然的に導く……。

K――そうです。しかし人間は、その誤った方向転換を修正して欲しい、正しい道に導いてくれと頼むでしょう。それに対しては、どうか、何者にもならないでくれと言っているのです。

B――ええ。そこで、何が問題なんです？

K――人は、話を聞こうとさえしません。

B――となると、このようなことに関心のある人は、何が聞くことを妨げているのかを見出すことが重要なようですね。

K――何が障碍になっているか、あなたにはおわかりでしょう。

B――何が障碍ですか？

K――「わたし」ですよ。

B――それはわかります。しかし、もうちょっと突っ込んで言っていただきたい。

K――もっと突っ込んで言えば、すべての思考、深い執着、要するに自分独自のすべてのものです。もし、これらを手放すことができなければ、「それ」と関わりをもつことはできません。しかし人は、これらを手放そうとはしないのです。

B――はい。よくわかりました。人が望むものは、その人独自の考え方の結果であると。

K――人は、トラブルのない、快適で楽な生き方を望んでおり、そんなことでは「それ」を手に入れることなどできません。

B――そうですね。そんなものはすべて落とさなければ。

K――つながりがなければならないのです。「場」とそんな生き方との間に何らかのつながりが、普通の人間との間に何らかのつながりが。そうでなければ、生きることの意味は何なのでしょうか？

B――さっきそのことを言おうとしたのです。この関係がなければ……。

K――意味がない。

B――そして、人々は意味をでっちあげる。

K――当然です。

B――話は遡りますが、古代の宗教もこれと似たようなことを言ってきました。つまり神は「場」であり、だから神を探せと。ご存知でしょうが。

K――いや、違います。「それ」は神ではない。

B――ええ、神ではありません。しかし同じことを言っています。「神」とは、たぶん、「それ」の考え方を多少人格化しすぎたものと言えるでしょう。

K――そうです。「彼らに希望を与えたまえ、信仰を与えたまえ」。おわかりですか？　「人生をいささかなりと快適に成したまえ」。

B――ところで、あなたが問うておられるのはこの点ですか？　つまり、このことを普通の人にどう伝えるべきか、それがあなたの問いですか？

K――まあ、そんなところです。そして、人々はこのことに耳を傾けるべきだということも、重要なことです。あなたは科学者です。われわれは友人だからこそ、あなたは充分に話を聴いてくれます。しかし、他の科学者の誰が聴いてくれるでしょうか？　もし人がこのことを追求してくれるなら、すばらしく秩序のある世界になるだろうと思いますが。

B――ええ。そしてわれわれはこの世界で何をするのですか？

K――生きるのです。

B——いえ、わたしが言うのは、創造性について話していたわけですから……。

K——そうです。そして、もし葛藤というものがなく、「わたし」がいなければ、そこに何か別のことが展開してきます。

B——なるほど、それは重要ですね。キリスト教における完全という観念は、何もするべきことがなくて、かなり退屈なもののようですから！

K——また別の機会に、この話を続けましょう。何となく軌道に乗ったようですから。

B——軌道に乗せるのは難しそうですが。

K——かなりな線までいきましたよ。

『クリシュナムルティのノートブック』より

一九六一年六月二七日

このことすべてを系統立てて言葉にするのは、無駄なことのように思われる。言葉は、いかに正確で、記述が明確であっても、真なるものを伝えることはできない。

ここには、大いなる、言語に絶する美しさがある。生命には、外と内へ向かうただひとつの運動があるだけだ。その運動は内外に分割されてはいるが、もともと分けることのできないものである。多くの人は知識、観念、信仰、権威、安全、繁栄など外的運動に分割され、それに追従している。これに対する反動として、人は、想像、希望、憧憬、秘密、葛藤、絶望などとともに、いわゆる内的生活に追従する。この運動はひとつの反動であるために、外的運動と争うことになる。したがって、ここに、苦痛、不安、逃避を伴う矛盾が生まれる。

ただひとつの運動だけがあって、それは外的と同時に内的なものである。外的運動を理解したうえで、それに反対あるいは矛盾することなく、内的運動が始まる。そこでは、争いが取り除かれたために、頭脳は非常に敏感で用心深くありながら、静寂になる。それにより、内的運動だけが妥当性と意義をもつことになる。

この運動により、理性や意図的な自己否定の結果ではない寛大さと慈悲が生まれる。花は忘れられ、脇に置かれ、散らされるにもかかわらず、美しさを強く保っている。野心家は美しさを知らない。本質についての感覚は美である。

一九六一年六月二八日

聖なるものは、その象徴をもたない。寺院の石像、教会にある聖画やシンボルは聖なるものではない。人はそれを聖なるものと呼び、複雑な衝動、恐怖、憧憬から、崇拝すべき神聖なものと呼んでいる。しかし、この「聖なるもの」は依然として思考の領域内にある。それは思考によって作り上げられているが、思考の中には新しいもの、神聖なものは何もない。思考は複雑なシステム、教義、信仰、観念を組み立てることはできるが、それを投影するシンボルは、家屋の青写真や新型飛行機の設計図がそうでないように、まったく神聖ではない。こういったもの全部が思考の領域内にあり、そこには聖なるもの、神秘的なものはまったく何もない。思考は材料であり、醜いもの、美しいもの、何にでも作りあげることができる。

しかし、聖なるものは存在する。それは思考が生み出すものでもなければ、思考によって蘇生された感覚でもない。思考がそれを認識することはできず、またそれを利用することもできない。思考がそれをまとめあげることは不可能である。にもかかわらず、聖なるものは存在する。しかし、いかなるシンボルも言葉も届かない。それを伝えることはできない。それは事実である。

事実は見られるべきであり、見るのは言葉を通してではない。事実は解釈されたら、事実ではなくなる。それはまったく別のものになってしまう。見ることが最も重要なことである。この見ることは、時空を超えている。それは即時の、瞬間的なものである。そして、見られたものは、けっして再び同じものではない。それは、再びとか、しばらくして起こる、ということはない。

この聖なるものには、それについて瞑想する崇拝者も観察者もいない。それは、市場で売り買いされるものではない。美しさと同じで、対立物がないので、反対側から眺めることもできない。

それはここに現われており、部屋を満たし、丘のうえにあふれ、湖を越え、地上をおおっている。

訳者あとがき

この本は、Jiddu Krishnamurti, On God, Harper San Francisco, USA, 1992. の全訳である。著者クリシュナムルティ（一八九五〜一九八六）は、生涯にわたり世界各地で講演を行なった。本書はその中から、主として神について語った部分を、クリシュナムルティ・ファウンデーションのメアリー・カドガンが選んだものである。さらに、いわゆる彼のノートブックと理論物理学者デヴィッド・ボームとの対話からも一部加えられている。そのなかでいちばん古いのは、一九三六年、ペンシルバニア州のエディントンでの講演から、いちばん新しいのは一九八〇年に行なわれたボームとの対話にいたる、およそ四五年間にまたがっている。

「神がいるか、いないか」という問いは、われわれにとっては最大の関心事である。クリシュナムルティにとっても、神の問題は中心的なテーマであったのではないだろうか。彼はこの講演の中で、われわれが従来から使っている神とは内容的にまったく異なるが、やはり同じく神と呼ぶことのできる、言葉で表現の困難なあるものがたしかに存在すると説き、その神と出会うにはどうすればいいかをさまざまな表現でわかりやすく解説している。

クリシュナムルティは、一九三八年にカリフォルニアのオーハイで、オルダス・ハクスリー（一八九四〜一九六三）と知り合っている。ハクスリーは、当時ヨーロッパを代表する知識人であり、東洋の思想、特に仏教や禅に注目しており、アメリカに在住していた鈴木大拙（一八七〇～一九六六）とも交流があった。しかし、クリシュナムルティと大拙は直接に会ったことはなかったようである。大拙は、仏典のなかでも非常に論理的にできている『大乗起信論』（実叉難陀訳）の英訳（Asvaghosha's Discourse on the Awakening of Faith in the Mahayana）を一九〇〇年にシカゴで出版して、アメリカの学界で注目をされており、大拙と親しかったハクスリーは当然この『起信論』の英訳を読んだであろう。

ところで、大拙と同じ頃に同じく『大乗起信論』（真諦訳）の英訳（The Awakenig of Faith）を出版した中国で活動していたイギリス人宣教師、ティモシー・リチャード（Timothy Richard, 中国名・李提摩太、一八四五～一九一九）がいる。リチャードの英訳は一九〇七年に上海、一九一〇年にイギリスのエディンバラで出版されている。ところが、一九六一年に出された同書の新版には、ハクスリーがきわめて短い序文を寄せている。ハクスリーがどの程度『起信論』を理解していたかは知るよしもないが、こうして序文を寄せるからには、宗教書として一定の評価はしていたのだろう。ハクスリーと東西の宗教や思想について語り合ったクリシュナムルティも、ハクスリーの紹介の有無にかかわらず、当然この『起信論』についてはかなりよく知っていたのではなかろうか。

本書の四五ページには次のようにある。

「瞑想や修行をいくら積んでも、言葉の真の意味で、精神を静止させることはできない。風が止んだときだけ湖面は静まるのであって、人には湖面の波を静めることは不可能である。同様に、われわれのなすべきことは、知ることのできないものを探すことではなく、われわれ自身の混乱、動揺、不幸といったものを自覚することである。そうすれば、あのものがひそかに姿を現わし、そこに至福がある。」

同じく九七ページには次のようにある。

「風がやめば、プールの水面は波立たないように、煽動者、思索者が止滅したとき、心はおのずから静かになる。」

一方、『大乗起信論』には有名な「水波のたとえ」という比喩があり、次のようになっている。「大海の水が風によって波立つようなものである。この場合、水の相と風の相とは不可分な関係にあるが、さりとて水は〔風のように〕動くのが本性なのではない。そこで、風が止めば〔水の〕動きもなくなるが、そうなっても、水の本性たる湿性はかわらない。それと同様に、衆生の〈自性清浄心〉は〈無明〉の風が吹くと動き出す。しかし、心も無明もともに〔固有の〕形相があるわけではなく、ただ相互に不可分の関係にあって機能しているのである。しかも、心は動くのが本性ではないので、無明の動きがとまれば、心の動き、すなわち刹那ごとの生滅のくりかえしによる連続（心相続）は消滅する。さりとて、その本性としての智（すなわちさとり）のはたらきは破壊されない。」（『大乗起信論』、宇井伯寿・高崎直道訳注、岩波文庫、一九三頁）

「風は水を依りどころとして動く有様が知られる。もし水がなければ、風は依りどころを失うので、その動く有様は見えなくなる。しかし、水はなくならないので、風の動くさまは持続する。ただ、風が止んだときには、〔水によって示される〕動くすがたも、それに応じてなくなるが、〔それによって〕水がなくなったわけではない。それと同様に、〈根元的無知〉も〔風のようなもので、自性清浄なる〕心の本性〔という水〕をよりどころとして、その動きをあらわす。万一、心の本性がなくなったとすれば、衆生〔心〕は相続できずに断絶するから、〔無明も〕依りどころを失うことになる。心の本性がかわらずに存続するところに心の動き（〔生滅〕心）も刹那生滅を持続できるのである。ただ、〈根元的無知〉（癡）が滅すれば、心の生滅する相はそれに伴って消滅する。しかし、心に本来そなわる〔さとりの〕智恵（心智）まで滅するわけではない〔この智恵こそがさとりの後も、仏のはたらきを永遠に可能とするのである〕。」（同、二一八頁）

また、人間の迷いの原因について、クリシュナムルティは本書の一五ページで次のように言っている。
「この始まりのない無知の連鎖が永遠に続くかぎり、人が真実、すなわち真に存在しているものを理解することは不可能である。みずからの意志による渇望が原因となって生じたこの無知の連鎖が消滅した暁に、初めて真実在、真理、至福と呼ぶことのできるものが立ち現われる。」
『起信論』にはこれとまったく同じような表現で次のように説かれる。
「一切衆生は無始よりこのかた、みな根元的無知のはたらきに浸透されているので、心の生滅を起こし……。」（前掲書二八二頁）
「汚れた法（染法）は始めも知られない遠い昔から、そのはたらきが不断にくりかえされているが、仏となった後にはそのはたらきは止まる。」（同、二三二頁）
「一切の現象（一切法、心の対象となるもの）はみな心からおこるもの、すなわち〔真実を知らないで〕心が妄りにはたらく（妄念）ことから生ずるものである。したがって、すべての判断というものは、自分の心を〔二つに分けて〕自分で判断しているにすぎない。もし、自分の心が自分の心を見ることをやめれば（心不見心）、そこにはいかなる相のとらえられるものとてないからである。……世間の一切の認識対象は、すべてこれ衆生の〈根元的無知〉にもとづく妄心のはたらきによって現象しているのである。それ故、一切の現象は、鏡の中に現われる影像と同じく何ら実体のあるものではなく、ただ心〔が現わし出している〕だけで虚妄である。何となれば、心がはたらきをおこすと種々の現象が生じ、心がはたらきを止めれば、種々の現象もまた消滅するからである。」（同、二〇七、八頁）

そして、クリシュナムルティはわれわれのなすべきことにつき次のように説いている。「神や真理に出会うことが宗教的行為ではない。唯一の宗教的行為は、自己認識を通じてこの内面の明晰さに到達することである」（一三三ページ）。つまり、神を見る、神に出会うということは、とりもなおさず自分の心を知る、あるいは自己を知ることであるという。ここでいわれる「内面の明晰さに到達する」とは、まさに『大乗起信論』の説く自覚 awakening であり、それは禅でいうところの悟りに他ならないのではないだろうか。

このようにクリシュナムルティが語っていることは、先の『大乗起信論』に似ている箇所がいくつかある。それも単に表現が似ているというのではなく、その基本的な考え方において共通点が見られるようだ。しかし、このことからただちに両者の影響関係を云々することは無謀だと思う。このことに関してはすでに指摘がなされ、研究も進んでいるかも知れないが、たまたま、クリシュナムルティと関係のあるオルダス・ハクスリーと『起信論』とティモシー・リチャードの関係について思いついたので蛇足ながらここに記した。もっともクリシュナムルティは、このようなたぐいの詮索はまったくの逃避であり、何の役にも立たないどころか、正しい理解の障害であるとさえ考えたようである。彼を正しく理解する鍵は、その影響関係などを詮索するのではなく、彼が語ったことそのものの中にあるのだろう。

ちょうど翻訳が八分通り済んだ八月に、気になっていた狭心症が進み、ついに心臓バイパス手術を余儀なくされ、出版社には大変なご迷惑をかけることになった。手術での死亡率が一％だと告げられ、それなりに覚悟したが、主治医の宮本貴庸医師をはじめ藤原等外科部長さんら武蔵野赤十字病院の優れたスタッフのおかげで、以前よりさらに強くなった心臓をもらって無事生還できた。日赤のベッドでもクリシュナムルティの翻訳を続けたが、それは苦しい義務というより、反対に彼から大きな励ましを受けるものだった。こうしてこの本の刊行までどうにかこぎつけられたことには感慨深いものがある。ここで改めて病院のみなさんにお礼を申し上げたい。さらに世話になった家族にも感謝する。

クリシュナムルティの講演、日記などはすでに多数出版され、邦訳もかなりの数にのぼっている。翻訳に際しては、特に日本におけるクリシュナムルティ紹介の草分けの一人である大野純一氏をはじめ多くの方々のお仕事を参考にさせていただいた。この場を借りてお礼を申し上げたい。また、翻訳の不明な点についていくつかオックスフォード大学で博士論文を執筆中の矢野睦氏に教えてもらった。親身なご教示に感謝の言葉もない。

最後になったが、この本の出版の申し出を快く引き受けてくださった「めるくまーる」の和田禎男社長と編集部の金子暁仁氏には、事務的なことだけでなく、内容についても貴重な示唆をいただき大変お世話になった。心からの謝意を表わしたい。

二〇〇六年　師走

小金井にて　　中川　正生

訳者紹介

中川正生（なかがわ　まさお）

1940年、長崎県生まれ

1972年、法政大学大学院文学研究科博士課程単位修得中退

ＴＢＳブリタニカを経て翻訳に従事。

著訳書

『人間観の諸類型』（共著、文化書房博文社、1978年）

Ｋ．Ｍ．セーン『ヒンドゥー教』（講談社現代新書、1999年）

Ｊ．パリンダー『神秘主義』（講談社学術文庫、2001年）

ほか

いかにして神と出会うか

2007年5月20日　初版第１刷発行

著　　者◎ジドゥ・クリシュナムルティ

訳　　者◎中川正生

発 行 者◎和田禎男

発 行 所◎株式会社めるくまーる

〒171-0022 東京都豊島区南池袋 1-9-10

TEL.03-3981-5525　FAX.03-3981-6816

振替 00110-0-172211

http://www.merkmal.biz/

装　　幀◎中山銀士

組　　版◎ピー・レム

印刷製本◎モリモト印刷株式会社

Printed in Japan

ISBN978-4-8397-0130-7

乱丁・落丁本はお取替えいたします。

クリシュナムルティ対話録

自己の変容

THE URGENCY OF CHANGE

著／J・クリシュナムルティ　訳／松本恵一

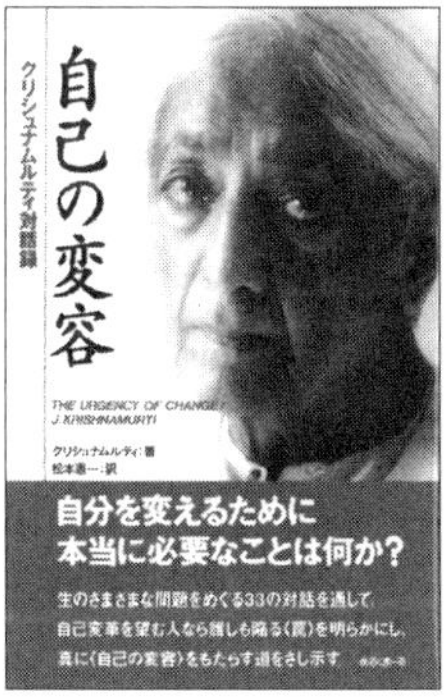

自分を変えるために本当に必要なことは何なのか？
身近な生の問題をめぐる徹底的な対話を通して、
それらがしだいに明らかにされていく。

私たちが自分を変えようとするとき、
必ず陥るいくつかの〈罠〉があり、
それをはっきり自覚しないかぎり根源的な
〈自己の変容〉はけっして起こらない、
とクリシュナムルティは言う。
では、その〈罠〉とはどのようなものなのか？

定価（本体2000円＋税）

■四六判上製　280頁　■ISBN 978-4-8397-0103-1 C0010